建校百年·哈工大人系列丛书

Harbin Institute of Technology

哈工大的EMBA人

许洪霞　张迎　主编

哈尔滨工业大学出版社

图书在版编目(CIP)数据

哈工大的EMBA人/许洪霞，张迎主编. —哈尔滨：哈尔滨工业大学出版社，2020.4
　ISBN 978-7-5603-8708-6

　Ⅰ.①哈… Ⅱ.①许… ②张… Ⅲ.①哈尔滨工业大学-校友-生平事迹 Ⅳ.①K820.7

中国版本图书馆CIP数据核字(2020)第021204号

哈工大的EMBA人
HAGONGDA DE EMBA REN

策划编辑	李艳文　范业婷
责任编辑	王晓丹
装帧设计	屈　佳
出版发行	哈尔滨工业大学出版社
社　　址	哈尔滨市南岗区复华四道街10号　邮编150006
传　　真	0451-86414749
网　　址	http://hitpress.hit.edu.cn
印　　刷	哈尔滨市石桥印务有限公司
开　　本	787mm×1092mm　1/16　印张14.75　字数187千字
版　　次	2020年4月第1版　2020年4月第1次印刷
书　　号	ISBN 978-7-5603-8708-6
定　　价	100.00元

(如因印刷质量问题影响阅读，我社负责调换)

编 委 会

顾　　问　杨士勤　景　瑞　孙和义　强文义

主　　编　许洪霞　张　迎

副 主 编　赵　丹

编　　者　曾庆荣（2010级一班）　许洪霞（2015级三班）

　　　　　柏德禄（2004级一班）　王晓明（2008级）

　　　　　王　琚（2008级）　　　王立东（2009级二班）

　　　　　岳海南（2010级一班）　李国超（2010级四班）

　　　　　胡春生（2011级四班）　杨季平（2013级一班）

　　　　　徐润花（2014级三班）　苗树伟（2014级三班）

　　　　　张　悦（2014级三班）　赵金晓（2015级二班）

　　　　　李可心（2015级三班）　马永胜（2015级三班）

　　　　　申佩怀（2016级二班）　滕　博（2016级二班）

　　　　　郭丽娜（2016级二班）　杭洪波（2016级二班）

　　　　　刘剑飞（2016级二班）　魏一维（2018级二班）

　　　　　王旭靓（2018级二班）

总　序

时光荏苒，风雨沧桑，不知不觉间哈工大即将走过百年岁月。回首学校的发展历程，她的每一轮进步跨越、每一次腾飞奋进，无不与祖国的命运紧紧连在一起。特别是中华人民共和国成立后，从全国学习苏联高等教育办学模式的两所大学之一，到首批进入国家"211工程"和"985工程"，再到入选国家"双一流"建设A类高校名单，哈工大一直得到国家的重点建设，并形成了现在哈尔滨、威海、深圳"一校三区"的办学格局。

当然，哈工大也没有辜负国家的支持与厚望。一直以来，学校秉承"规格严格，功夫到家"的校训，大力弘扬"铭记责任，竭诚奉献的爱国精神；求真务实，崇尚科学的求是精神；海纳百川，协作攻关的团结精神；自强不息，开拓创新的奋进精神"和"铭记国家重托，肩负艰巨使命，扎根东北，艰苦创业，拼搏奉献，把毕生都献给了共和国的工业化事业"的哈工大"八百壮士"精神，主动适应国家需要、积极服务国家建设，以朴实严谨的学风培养了大批优秀人才，以追求卓越的创新精神创造了丰硕的科研成果，成为享誉国内外的理工强校、航天名校。

我始终认为，学生的培养质量是衡量一所大学是否是"双一流"最重要的考核指标，而质量主要是从学生离校走向社会在工作中体现出来的，包括思想品德、工作能力和社会贡献等。经过百年沉淀的哈工大，从1920年建校至今，已经培养了几十万名学子。我在这所学校工作了几十年，也见证了一部分同学的成长。他们在学校掌握知识、锤炼品格，然后投身社会，成为各行各业的中坚力量，其中既有党和国家领导人，也有共和国的将军；既有学术界的泰斗，也有科技领域的骨干……当然，还有在许多行业里的领跑者——杰出的企业家。

很幸运，我们身处一个崇尚创新、追求创新、激励创新的时代。不管是传统行业，还是新兴科技行业，都活跃着哈工大人的身影。这些实干力行的国家栋梁在兢兢业业工作的同时，积累了无数的方法和经验，也有道不尽的经历与感受。无论是对母校生活的追忆，还是对当下工作的总结，这些不可多得的人生财富，都非常值得大家借鉴和学习。

恰逢学校百年华诞，哈工大出版社特意编撰了"建校百年·哈工大人系列丛书"，天南海北、各行各业的哈工大人以此为平台，把自己走过的人生之路，真诚又无私地以文字的形式分享出来，为后来者和社会公众提供参考。我认为，这十分有意义，也十分有价值。我向他们致敬，同时也为学校培养出这样的学子感到自豪！而对于广大校友和在校生来说，阅读这些书籍，仿佛有人为你打开了一扇门，特别是身为哈工大人的你会发现，寻找理想、追梦前行的人，不只有你自己，还有许许多多的哈工大人和你一路同行、共同奋斗。

希望广大读者能从本系列丛书中获得启迪，踏上自己人生道路的"英雄之旅"，抒发豪情壮志，成就伟大事业。

序 言

时值哈工大百年校庆,哈工大 EMBA 联合会拟出版《哈工大的 EMBA 人》一书,邀我作序。我阅读了联合会发来的 23 位 EMBA 学员的事迹后,感慨颇深,既为过去十多年来哈工大 EMBA 办学所取得的成绩而自豪,也为未来哈工大 EMBA 事业的发展而深感责任重大。

哈尔滨工业大学是一所全球知名的高等学府,在近百年的办学历程之中,历经风雨,铸就辉煌,不仅在全球享有卓著的学术声誉,更为中国的航天、军事和经济社会发展做出了不可磨灭的贡献,为世界培养了 40 余万名优秀学子。哈工大厚重的文化积淀,凝聚成了"规格严格,功夫到家"的校训和"铭记责任、求真务实、海纳百川、自强不息"的精神。

哈工大经济与管理学院是我国首批开办高级管理人员工商管理硕士(EMBA)教育的院校之一,自 2002 年迄今,已开办 37 个 EMBA 班,累计招收学员 1200 余人,授予近 1000 位学员高级管理人员工商管理硕士学位。其中,约三分之二的 EMBA 学员在就读过程中或毕业后不久实现了岗位职务晋升或企业转型发展。2016 年,经济与管理学院开始在深圳举办 EMBA 项目,为哈工大 EMBA 教育迎来新的发展机遇。

《哈工大的 EMBA 人》一书中收录的大多是耕耘于不同行业

的企业家精英。企业家是推动国家经济社会发展的中坚力量，是社会财富积累、就业岗位创造和产业创新发展的重要动力。创新、探索、敬业、互助、勤学、诚信等优秀的精神品质正是因为常常在很多优秀的企业家身上展现，因此被概括为企业家精神。在当前的社会经济背景下，企业家和企业家精神的时代意义、社会价值更加凸显。多年来，各位哈工大 EMBA 同学，行健不息、积健为雄，已经成为各个领域的领袖和社会中坚，作为院长，我深深地为他们取得的成就感到自豪与骄傲。作为一名 EMBA 授课教师，我依然记得课堂上同学们求知若渴、专注进取的风貌，有了这种乐以探索新知、勤以求真求善的精神，我相信各位哈工大 EMBA 同学能够创造更加辉煌的事业。

我衷心期待目前在读和已经毕业的哈工大 EMBA 同学以及未来即将加入的 EMBA 同学，能够传承、发扬哈工大和经管学院的优良传统，在各自的工作岗位上，为社会进步和祖国发展贡献自己的力量！

是为序。

目录

我相信，我热爱，我坚持！/2
——记松雷集团董事长曾庆荣

爱拼创新　敢当奉献　不忘初心　树信龙江 /12
——记哈尔滨华南城董事长许洪霞

实业报国　心念社会 /24
——记哈尔滨柏朗实业发展有限公司董事长柏德禄

创业 26 载　找准人生跑道的领跑者 /34
——记哈尔滨鹏程药用包装新材料科技股份有限公司总经理王晓明

从优秀到卓越　匠心传承让好更好 /44
——记哈尔滨天顺源清真餐饮有限公司总经理王琚

心系百丈高楼　胸怀鸿鹄之志 /52
——记黑龙江东辉投资集团有限公司董事长王立东

风雨彩虹　铿锵玫瑰 /64
——记岳成律师事务所黑龙江分所主任岳海南

医学企业家的责任和担当 /76
——记黑龙江达仁投资集团董事长李国超

不忘初心　砥砺前行 /86
——记黑龙江昌隆科技开发有限公司董事长胡春生

将梦想进行到底 /94
——记哈尔滨上洋包装制品有限公司董事长杨季平

新时代龙江巾帼企业家 /100
——记哈尔滨新世通电器有限公司董事长徐润花

壮志满怀　追梦始终 /112
——记哈尔滨农村商业银行股份有限公司副行长苗树伟

创新升级农业全产业链 /120
——记黑龙江省和粮农业有限公司总经理张悦

智能制造与数字化解决方案的追梦人 /128
——记哈尔滨宇龙自动化有限公司董事长赵金晓

阳光总在风雨后 /138
——记佳木斯市凯撒国际大酒店董事长李可心

为混凝土注入灵魂的工程师 /148
——记北京砼享未来工程技术研究院有限公司总工程师马永胜

变革谋划　向新的领域远征 /158
——记黑龙江省农业机械有限责任公司董事长申佩怀

塑德造艺　舞动美育人生 /168
——记哈尔滨市华艺舞蹈艺术中等职业学校校长滕博

深耕家乡人才市场　在追梦中砥砺远航 /176
——记苏州英格玛集团哈尔滨分公司总经理郭丽娜

小米粒上做航天级的大文章 /184
——记黑龙江龙珍汇电子商务有限公司董事长杭洪波

怀有至拙之心的保险实干家 /192
——记百年人寿保险股份有限公司黑龙江分公司总经理刘剑飞

做一个有情怀的投资人 /202
——记深圳市创新投资集团有限公司高级投资经理魏一维

激情燃烧的行业"头狼" /210
——记百年人寿保险股份有限公司山东分公司副总经理王旭靓

后　记 /221

哈工大的 EMBA 人

曾庆荣
HAGONGDA DE EMBA REN

HARBIN INSTITUTE OF TECHNOLOGY

曾庆荣，2011年考入哈尔滨工业大学高级管理人员工商管理班，2014年获得哈工大工商管理硕士学位。现任松雷集团董事长，哈尔滨市文化产业协会会长。曾任政协黑龙江省第十届、十一届委员会常务委员，黑龙江省科顾委委员，龙商国际联盟执行主席。先后获得"全国三八红旗手""全国十大杰出青年企业家"和"黑龙江省十杰青年企业家"等多项荣誉称号。作为松雷集团掌门人，创立了中国第一家民营百货；创办了黑龙江省第一所全日制民办完全中学；投资兴办了黑龙江省第一家非金融机构第三方支付企业；创建了中国第一个专业的音乐剧剧团，鸿篇巨制打造了中国第一部大型原创音乐剧《蝶》，开创了中国音乐剧产业的先河。曾庆荣带领松雷集团，秉持"德正业兴"的企业经营理念，经过近30年的潜心发展，打造了享誉海内外的"松雷"品牌，实现了"松雷商业""松雷教育""松雷文化"各领风骚，形成了"松雷地产""松雷金融""松雷科技""松雷农业"协同发展的综合性服务集团。

我相信，我热爱，我坚持！
——记松雷集团董事长曾庆荣

学习人生，引领创新发展

"二十一世纪唯一不变的是变化！"这句话是曾庆荣在松雷集团创业之初经常讲的一句话，它也成为后来鞭策和提醒一代代松雷人不断学习实践、勇于创新的座右铭。曾庆荣将哈工大 EMBA 的学习，视为一次充电和加油的机会。走进哈工大高级工商管理专业，让她在国际一流商学院管理课程体系中学到了真知，将国内外前沿管理理念与自己摸爬滚打的本土化商业实践相结合，在递进式、模块化的教学模式中，汲取了丰富的营养，解答了多年经商实践产生的诸多困惑。

此时的曾庆荣早已经完成了地产起步的原始积累，统率松雷集团开始在商业、教育、文化、科技与金融等多领域跨界布局，哈尔滨、深圳、香港、上海、北京等地都成为她创新融合发展的桥头堡。责任与担当让人难以停下脚步，期许的未来让人更加心怀梦想。从小就愿意读书，善于从浩瀚书海中吸收养分的曾庆荣，对于走进高校重新进行系统学习的机会格外珍惜。在课堂上她聆听老师的深刻解析，和同学一起提交项目决策，还走上讲台分享自身企业的利弊得失，和老师同学一道互动讨论、大胆破题……最终，《松雷集团文化产业发展模式与战略研究》成为她交出的毕业答卷。在哈尔滨工业大学的求学经历虽然时间很短，但是让每天不停奔波的曾庆荣有了坐下来沉淀思想的宝贵机会，更积聚了打开国际视野、激发创新潜能的从容不迫，抛除过往做事的一惯性，新的出发旅程中增添了战略思维、模式创新、大数据分析、风险管理、卓越领导力和金融工具等等利器，松雷集团开启了加速快跑的崭新时代！

竞逐商业前沿潮头永立

松雷集团旗下拥有三座各具特色的商业综合体，分别于1993年、1999年、2004年在哈尔滨市核心商圈落成开业，成为最早的城市时尚消费开拓者。松雷商业南岗中心店是中国第一家民营百货和国内首家通过ISO 9000质量管理体系认证的商业企业。松雷集团始终引领区域时尚消费新理念：首家改变传统柜台销售模式，让消费者无限接近商品，采用开放式、步入式销售；是首家承诺一个月内无条件退货的商业企业；首家推出顾客投诉无条件解

曾庆荣与员工畅谈

决的服务理念；首家引进国际时装品牌交流平台，2014年，法国服装协会文化交流之旅落址松雷商业。法方代表激动地说，他们以古朴传统的欧洲建筑工艺手法及时尚浪漫的服饰，向松雷集团董事长曾庆荣女士、向曾庆荣女士为冰城人民奉献的松雷商业平台，致以"传播欧陆时尚、演绎浪漫情怀"的最高时尚敬意！

松雷商业被国务院发展战略研究中心命名为"黑龙江省首家大型现代化商场"，被《人民日报》誉为"花园式商厦""消费者购物天堂"，被商务部评为"金鼎百货""全国流通领域先进集体"，是黑龙江省首家通过"全国绿色商场行业标准"认定的企业。2011年，在被誉为业内"最具价值与影响力的时尚文化盛典"中，曾庆荣因其多年来在商界取得的卓越成就及对中国时尚领域所做的突出贡献，荣膺"2011非凡时尚人物商业推动奖"。

竞逐商业，从1993年看准市场、重拳出击，投巨资仅用16个月建成4万多平方米的松雷商厦，到2015年千方百计运筹帷幄，实现了松雷商业南岗中心店规模扩容一倍，大批国内外一线品牌纷至沓来。时间淘洗着所谓的精英，敏锐的曾庆荣却始终站在商业领域最前沿，屹立不倒。随着新松雷商业亮相，其精心打造的连锁商超——BonMarket你好生活馆华丽绽放，引入国际设计元素，坚持绿色、人文、环保的经营理念，为顾客提供优质的购物环境和国内外万余种极具健康品质的严选商品，引领了场景体验式健康消费新潮流。单日单店销售过亿，屡次刷新国内同行业销售最高纪录。

扎根教书育人桃李芬芳

习惯立校扬风帆，和诚毅创铸辉煌。1995年由松雷集团创办的全日制民办完全中学松雷中学，更是曾庆荣的心血之作。羊有跪乳之恩，鸦有反哺之义。曾庆荣始终把回报家乡作为事业成功后的第一项任务，做全国一流的学校就是最好的回报方式。从开始的30多位教师、600多名学生，到2012年8

月喜迁哈西新区，建成气势恢宏的教学大楼、获得鲁班奖的"哈佛红"校舍，500多名教职工满怀"严格管理，习惯立校"的新时代教学理念，与初中部、高中部、国际部的6000余名学生共同成长，在全国教育领域独树一帜。学校先后被评为全国创新学习先进学校、黑龙江省最具影响力民办完全中学、哈尔滨市大面积提高教学质量先进学校、哈尔滨市特色学校等荣誉称号。2014年、2017年、2018年哈尔滨市中考第一名均出自松雷中学，2017年全市中考前十名松雷中学占7人；2018年全市中考前十名松雷中学占8人。

在曾庆荣的主导下，松雷中学广泛开展国际教育交流，至今已与美国、英国、德国、加拿大、新加坡、澳大利亚等国家的多所学校结成友好学校。松雷中学国际部美国2+1项目班自2015年成立以来捷报频传，毕业生均获得美国总统教育项目奖。松雷中学商业精英社团自2016年成立以来，参加中国高中六校联盟商业挑战赛、东北地区商业精英挑战赛，连续三年赴上海参加"国际未来商业领袖峰会"全国赛，学生们在模拟实践中动态体会公司初创、成长和上市过程，还原当今"互联网+"时代商业的运转机制，

曾庆荣董事长与松雷中学学生交流

充分发挥了学生的创造力和商业才华。松雷中学模拟联合国社团连续四年参加哈佛模联中国会，2017年首次赴美国华盛顿参加了北美模联会。2018年15名学生历经选拔脱颖而出，代表松雷中学首次征战美国哈佛赛场，在来自全球100多个国家的中学生代表团中，松雷中学学生全程英语交流，积极参与国家议题发言，在地球村活动中表现出色，获得哈佛官方授予的Community Spirit大奖。这些交流活动开阔了学生的国际视野，强化了学生的创新能力和批判性思维，鼓励学生张扬活力，让学生从松雷模联的平台走向了世界的舞台。

纵横文创科技华丽蜕变，拥抱时代大潮掌控未来

出生于东方小巴黎，身上自带一股洋范儿，骨子里流淌着文化情结。曾庆荣在不惑之年，开始华丽转身。2002年，松雷国际文化创意产业集团在北京成立。2004年，中国第一支由文化部批准的专业音乐剧团体——松雷蝶之舞音乐剧剧团正式成立，特邀来自于六个国家的主创团队，鸿篇巨制打造了中国第一部大型原创音乐剧《蝶》，填补了中国音乐剧的空白，树立了中国音乐剧第一品牌，创造了中国音乐剧的"六个第一"，揭开了中国音乐剧的国际化之路！

《蝶》在韩国第二届大邱国际音乐剧节隆重出演五场，可容纳1500余名观众的大邱市歌剧院座无虚席，最终组委会将最高奖项"特别奖"授予《蝶》，《人民日报》为此发表题为《感动后的尊重》的文章。目前，原创音乐剧《蝶》《爱上邓丽君》《王牌游戏》《妈妈再爱我一次》《啊！鼓岭》《酒干倘卖无》和《深南大道》，先后荣获中宣部"五个一工程"奖、文化部文华大奖特别奖、国际音乐剧节最高奖"评委会大奖"等国内外高规格大奖。2008年9月，文化部授予松雷集团"国家文化产业示范基地"；在第三届中国（北京）国际文化创意产业博览会上，松雷集团荣获"中国

创意产业高成长企业100强"称号；2010年中共黑龙江省委宣传部将中国首部大型原创音乐剧《蝶》载入《黑龙江文化蓝皮书：2009年黑龙江文化发展报告》；2014年中共黑龙江省委宣传部等四部门联合授予《蝶》"黑龙江文化产业十大品牌"！

在音乐剧产业获得了巨大成功之后，曾庆荣又将视角转向生活美学的文创产业。北京何所有文创设计主题酒店是松雷文创品牌"再造"理念下的第一件作品，专为商旅人士打造，温在环境，暖在细节。设计师采用生活美学融合家庭居所的空间设计，让客人有更舒适的体验，感受一个可以移动的家。深入打造"何所有"文创品牌IP，以国际化设计思想促进国内外时尚文化的融合，呈现自然、本色、健康、时尚的高品质生活方式，在顾客衣食住行读的场景消费过程中，分享美学、自然、安全、舒适的体验空间。

2007年，松雷科技又在曾庆荣提出的文化+科技的战略布局中脱颖而

中国首部大型原创音乐剧《蝶》首演

出。至今,在深圳已完成了"华为总部技术展厅""移动总部技术展厅"等项目,是国内首家将虚拟现实技术成功应用于舞台的高新科技企业,并为深圳航空 3D Mapping 飞机混合现实投影机体等项目进行技术筹备。松雷科技主导的智能产品"幻真虚拟成像技术"系统,利用图像处理、动态捕捉、AI 计算等相关技术以及云服务器的分发,可将采集到的图像素材投射到任一应用场景,投射区域广度可达到 200 米 × 16 米,支持虚拟形象与人的实时互动,无须辅助设备,裸眼即视。

在文化科技领域收获硕果后,曾庆荣开始着力打造创意 + 文化 + 互联网 + 金融的新模式文化产业链条。联合俄罗斯中国—带一路投资联合会,与俄罗斯国家级艺术网、画家网、艺术品交易网、艺术家认证网等建立战略合作。合力打造中俄艺术品认证、鉴定、评估、交易平台和中俄文化金融联盟,通过组织中俄合作企业进行创意产品研发、文旅艺术品生产加工、展览展示、商贸合作等项目,促进国际文化艺术交流学习,培养孵化一批

2018 年国际冬季活动(北京)博览会嘉宾论坛

高品质、有情怀、具特色的国家级文化艺术品牌企业。

2019年，作为哈尔滨市文化产业协会会长，曾庆荣着力与文化产业协会融合发展，发挥哈尔滨东北亚区域中心城市、对俄合作中心城市的优势，倾力打造新型文创综合体，落户国家级文化产业示范基地，建设文化创意基地、冰城伴手礼展示基地和松雷文化产业交易中心，实现资本运营、艺术品拍卖、文化产权交易和对俄合作中心等功能架构，引领文化科技创新与传统商业转型升级，在百年老街首创全新的超前文创平台！

掘金黑土资源收获沃野，培植绿色厨房功在千秋

"中国粮食，中国饭碗。"总书记对于黑龙江发展的殷殷重托让曾庆荣再度谋划黑土地的黄金价值。努力打造绿色优质"菜篮子""米袋子""果盘子"，把绿色大厨房的生活方式引入千家万户，引导民众吃健康菜、安全粮，喝放心水。为建造绿色大厨房基地，2018年9月10日，松雷集团第一款天然矿泉水开机灌装，"天然、矿化、纯净"，富含偏硅酸、锶等多种微量元素，史书记载"留清味甘，不让于江南诸大名泉"之美誉，深受国家天然水专家、体育运动营养专家的高度认可。2019年，松雷集团与CCTV-7农业频道正式签约，联合策划和制作以打造"绿色大厨房"为背景的扶贫系列节目，通过对国家部委、中央企业对口扶贫行动的生动记录以及贫困地区绿色农产品的深度挖掘，推介一批质量好、品质高、品牌响的国内农产品精品，充实松雷绿色大厨房的产品库，进入合作企业的中央大厨房体系，让绿色有机产品从贫困地区的田间走向全国各地的餐桌，为国家精准扶贫贡献企业的一份力量。

与此同时，曾庆荣积极推动国际物产合作交流，成功举办了俄罗斯、日本、韩国、泰国等民间国际文化物产节，带来了新鲜活力和消费体验，成为民间人文交流的一个亮点，并通过国际文化物产节的民间交流平台，

2018年9月19日,松雷集团参加国际冬季运动(北京)博览会并接受央视采访

推介"一带一路""中蒙俄经济走廊",打造成为走出去、请进来的一个重要国际化窗口和渠道。

曾庆荣和她率领的松雷集团是改革开放的开拓者和受益者。她说,每每想起哈工大校训"规格严格,功夫到家",总有一种对事业的敬畏和深深的使命感。松雷集团正在由平面化向立体化、多元化蜕变。

"我相信,于是我坚持!我热爱,于是我坚持!"

——这是音乐剧《蝶》中的经典唱词,更是对曾庆荣的人生轨迹和从商之道做出的最恰当的诠释……

哈工大的 EMBA 人 许洪霞
HAGONGDA DE EMBA REN

HARBIN INSTITUTE OF TECHNOLOGY

　　许洪霞，2019年获得哈工大工商管理硕士学位。中共党员，哈尔滨华南城有限公司党委书记、董事长。黑龙江省第十三届人大代表、黑龙江省新的社会阶层人士联谊会会长、黑龙江省对俄经贸产业联合会执行会长、黑龙江省国际商会副会长。许洪霞曾获黑龙江省劳动模范、黑龙江省三八红旗手、哈尔滨市劳动模范等荣誉称号。近年来，许洪霞充分发挥党员的带头作用，带领哈尔滨华南城团队在哈尔滨东部地区建立起一座商贸物流城，有效推动了东部地区的快速发展，成为行业内的翘楚，也为振兴龙江经济发展注入新鲜血液。

爱拼创新　敢当奉献
不忘初心　树信龙江

——记哈尔滨华南城董事长许洪霞

2015年，怀揣着对百年工大的仰慕之心，希望在前行的路上寻找到一座引路的灯塔，许洪霞踏进了哈尔滨工业大学管理学院的大门。在这里，她打开了创新的思路；在这里，可以站在高处看更美的风景；在这里，结识了志同道合的校友；在这里，可以整合资源做更多的贡献；在这里，坚定了砥砺前行的信念；在这里，可以实现振兴龙江的梦想。哈工大EMBA的攻读经历，为她的商业管理思路带来了巨大启发，为她的人生成功道路奠定了基石。

她，扎根基层团队，日夜奋战推动项目建设；她，专心公益事业，倾情投入人文关怀活动；她，整合资源平台，全力助力龙江经济转型。她就是许洪霞，用真爱与激情在事业的道路上瑰丽绽放……

匠心开拓，创新管理，发展项目，迅速崛起

温暖的阳光洒在初春的大地上，站在明亮开阔的办公室极目远眺，一栋栋建筑映入眼帘，巍峨耸立，商业项目已经进入有序的运营，不远处

的新建项目已经开工。公园锻炼的人们享受这里氤氲的气息，一道之隔的学校内传来朗朗的读书声，在这片10平方公里的区域内，是一座集商贸、物流、住宅、学校为一体的城市商贸综合体——哈尔滨华南城。看到这一幕，不禁回想起华南城建设之初的景象……

翻开中国地图，从深圳到中原大地，再到北国冰城，共有八座华南城纵贯中国版图，华南城这艘恢宏的商贸巨舰，引领着中国商业价值发展全新模式。华南城项目的进驻将进一步拉大城市框架，助推城市区域发展，乃至提升经济增长速度。在振兴东北经济的时代背景下，2011年哈尔滨华南城项目落户哈尔滨东部地区，开启了在这片广阔的沃土上铸就的辉煌篇章。

项目落地之初，由于地理位置距离主城区较远，基础配套还没有敷设到位，大部分基础设施仅敷设到距离项目12公里的会展中心附近。面对极其复杂的情形，许洪霞接手华南城项目，并没有丝毫气馁和退缩，她凭借骨子里的坚毅、好胜，鼓励团队坚持把项目建设起来、运营起来、发展起来。作为项目的领头雁，她带头协调省市区有关部门，推动项目基础配套建设，一次次召开协调会议，连夜准备充分的会议材料；作为项目的负责人，她及时与集团有关领导沟通，反馈项目切实困难，争取集团支持，一次次往返深圳与哈尔滨之间。她以"为荣誉而战"的斗志激励团队砥砺前行，她以"疯狂式投入"的热情感染有关部门和集团领导，她以"分享与共赢"的态度融合合作伙伴与客户。经过八年的不懈努力，哈尔滨华南城在东部地区已经初具规模，累计开发面积达300万平方米，总投资达160亿元。截至2019年底，已经投入运营面积达200万平方米，业态涵盖皮草城、奥特莱斯、五金机电建材城、酒店用品产业园、汽摩配产业园、农资产业园、绿色食品博览城、家居馆、美食街以及住宅项目，形成了具有规模集聚效应的综合商贸物流中心。经过不断的推进协调,在政府部门的大力支持下,华南城周边区域涉及的水、电、道路、燃气、学校、公园等基础设施配套已经全面就位。随着基础设施的建成,哈尔滨华南城项目独树一帜地崛起,近年来,越来越多的项目看中了哈尔滨东部地区,长江路沿线项目接踵而至。这也正是许洪霞这么多年所期望的、所争取的、所推进的,她一直致力于推动哈尔滨东部地区的快速全面发展。从绕城高速交汇处,清晰地看到高耸的华南城地标,周边已有数十个项目落户哈东发展,包括物流、商贸、住宅、旅游等项目,哈尔滨东部区域已经逐渐发展成为"现代化物流、旅游产业带",成为哈尔滨城市主要功能区域。哈尔滨东部地区也随之由传统农业经济,转型提升为商贸物流经济。

一位退休老领导这样评价,哈尔滨华南城让我们领略到深圳拓荒牛的精神,把哈东一片不毛之地变成一座商贸物流中心,这个项目进一步拉开城市骨架,有力支撑着城市新战略的实施,对道外区和香坊区老城区改造、拉近阿城区与中心城区的距离、提升宾西开发区产业发展载体功能都有十分重要的意义。

许洪霞出席 2020 年哈尔滨华南城年会

许洪霞在项目地向市领导汇报华南城项目进展情况

许洪霞陪同哈尔滨市领导参观哈尔滨华南城项目

在新常态经济环境下，在打造坚实庞大的华南城商贸综合体建设的同时，许洪霞一直在不断开拓、整合资源、聚集要素、创新管理，充实园区软件配套，布局市场新的业态，构建产业新格局，先后在园区建立了省级电子商务示范基地、大学生创业孵化基地、东北亚商品交易中心、国家4A级景区，旨在推动龙江现代服务转型升级，抓住互联网及工业4.0版的大机遇，打造线上线下于一体的展示交易中心；帮扶省内高校大学生利用园区资源创业、就业，以大学生的新技术与资源，帮扶园区商户转型升级；以哈尔滨华南城为中转枢纽载体，汇集全国华南城丰富资源，搭建东北亚乃至欧洲商品交易通道；以哈尔滨独有的冰雪文化、皮草文化为主题，在园区建立国家4A级景区，与周边的美丽岛、伏尔加庄园、薰衣草庄园以及阿城区呼应，在东部地区形成丰富多样的旅游文化产业带。在国家推进深哈合作基础上，哈尔滨华南城作为最早一批深圳在哈投资企业，为深哈企业广泛合作积累了丰富的经验，在"一区多园"基础上，许洪霞和她的团队正在积极参与深哈合作。哈尔滨华南城这个庞大的商业航母的开动，成为哈东地区发展的强力引擎，为哈尔滨经济培植新的增长点。这艘巨型商贸物流航母的成功启动，倾注了许洪霞"母亲般培育"的心血。

匠心精神、创新开拓是许洪霞对工作全情投入的完美诠释，她以大无畏的精神与员工奋战一线，她以乐观敏锐的眼光被合作伙伴信服，她以共赢天下的姿态为区域发展助力。许洪霞就是这样一个低调、内敛、精致，举手投足间透着一股干练和洒脱的人，正如她热爱的小楷书法一般隽美清秀……

主动担当，热心公益，奉献社会，树立楷模

许洪霞外表是一个雷厉风行、坚毅果敢的"女汉子"，事业打拼路上

的"铿锵玫瑰",另一面却是一个内心温情、热情洋溢的"雅典娜",生活前行路上的"温馨百合"。

　　许洪霞常说,作为企业家既要创造物质财富,也要创造精神财富,更要为社会承担责任,时代需要具有责任心的人。她热心公益事业,响应工会号召,倾情捐助道外区困难职工子女,携手合作伙伴共同帮扶东北农业大学贫困学生,组织员工开展慰问敬老院、环卫工人等一系列暖心活动,在公司带头捐助哈尔滨"1·2"大火受灾职工。同时,响应国家精准扶贫号召,资助贫困乡村建设文化广场,并研究如何发挥绿色食品产业优势,助力贫困乡村脱贫。每年春节前,许洪霞都会看望困难群众,送去节日温情祝福。2018年,她跟博能康复中心的"慢天使"结下缘分,一个月三次来看望孩子们,带着精心准备的智能早教机器人,跟这些"慢天使"亲切地互动,孩子们兴奋地手舞足蹈,亲切地叫着"许妈妈"。

许洪霞出席黑龙江省第十二次妇女代表大会

新冠肺炎疫情期间,许洪霞向哈尔滨市防疫指挥部捐赠口罩16万只

许洪霞说她的初衷很简单,希望来自社会的一点温情,能够帮助困难的人走出生活的低谷,从而积极向上,步入生活正轨,为自己创造一份价值,为社会创造一份价值。她也希望通过自己的举动,能够感染周围的人,一起参与公益事业,能够为更多的家庭带来温暖。

热心关怀、感染社会,是许洪霞对公益热心奉献的完美诠释。

她以事必躬亲的行动为困难家庭送去温暖,她以当为己任的态度为社会无私奉献爱心,她以感染带动的目标为各界人士树立楷模。许洪霞就是这样一个温情、正义、谦逊,字里行间透露着真情实感的人,正如她热爱的小楷书法一般温软细致……

不忘初心,树信家乡,联合资源,振兴龙江

许洪霞作为一个龙江人,一名从公务员成长起来的企业家,始终心系

龙江发展，希望借助自身的项目发展，联合合作伙伴的优势潜力资源，与龙江对俄贸易、绿色食品、旅游文化等支柱产业相融合，共同助力，振兴龙江。

许洪霞认为，在龙江丝路带大机遇面前，黑龙江对俄贸易核心辐射地位亟待巩固。黑龙江作为我国对俄和东北亚区域开放的桥头堡、枢纽站，与俄罗斯有着2981公里的边境线，对俄区域地位优势明显，哈尔滨与俄罗斯有着很深的历史渊源，哈尔滨应是

许洪霞当选为黑龙江省新的社会阶层联谊会会长并发表致辞

许洪霞出席黑龙江省十三届人大四次会议

中俄贸易链上最重要的一环，庞大的俄罗斯市场对振兴龙江经济至关重要。巩固和发展对俄贸易，对于像哈尔滨华南城这样的大企业来说，是责无旁贷的。在省政府的支持下，哈尔滨华南城牵头成立了黑龙江省对俄产业联合会，许洪霞亲自任产业联合会执行会长，并在华南城成立了全省对俄物流产业园区，建设了中俄贸易大厦。致力于将哈尔滨华南城打造成中国东北首席对俄经贸合作中心、东北亚规模最大的产品展示交易中心、东北亚陆港仓储物流全智能服务中心，建立中俄贸易服务平台作为对俄经贸合作的载体，面向俄罗斯，辐射东北亚，每年举办若干次对俄经贸产品展会，打造永不落幕的哈洽会，成为全省对俄贸易的核心市场平台。同时，许洪霞认为绿色食品产业和冰雪旅游产业都是我省的优势资源，她希望能够将龙江的绿色食品产业做强做大，在哈尔滨华南城园区建立了中国绿色食品博览城，致力于打造全省最快捷、最具规模的绿色食品营销展示平台，将龙江绿色食品推广至全国，乃至全世界。这些，都是许洪霞这些年来一直默默努力推进的，她在这条振兴龙江的道路上，不断整合资源，联合商业伙伴不断探索。她始终坚信，通过龙江企业家的不懈努力，发扬工大人"你我担当，树信龙江"的精神，一定能为家乡发展、为振兴

许洪霞出席2020年哈工大EMBA年会，为母校百年校庆"校旗传递"活动助力签名

许洪霞与哈工大 EMBA 校友共同参加首届哈尔滨国际马拉松

龙江经济,贡献一份力量。

不忘初心、树信龙江,是许洪霞对振兴龙江决心的完美诠释。

她以不忘初心的心态为龙江加油鼓劲,她以整合资源的方式为龙江产业布局,她以振兴龙江的情怀为之奋斗前进。许洪霞就是这样一个爱事业、爱生活、爱家乡,运筹帷幄间流露着家国情怀的人,正如她热爱的小楷书法一般扎实稳重……

北宋王安石说过,夫夷以近,则游者众;险以远,则至者少。许洪霞曾说,她赶上了产业升级的好机遇,她肩负一种责任,胸藏一种使命,因此她要抓住产业发展脉搏,奉献青春,承担重任,推进城市发展,促进城市功能框架构建,助力龙江经济转型。

回首哈尔滨华南城的成长,许洪霞感慨万千,8 年前从项目落地到如今蒸蒸日上，她与哈尔滨华南城一路走来，风雨兼程。2019年，许洪霞和她的团队会更加从容，更加坚定。多年的奋斗奠定了许洪霞的自信，坚信扎根于东北经济振兴的土壤中，在产业升级大势下，哈尔滨华南城更加宏伟的蓝图即将拉开，许洪霞和她的团队将带领这艘商贸巨舰继续航行，最美风景就在前方……

哈工大的 EMBA 人 柏德禄
HAGONGDA DE EMBA REN

HARBIN INSTITUTE OF TECHNOLOGY

　　柏德禄，满族，1963年4月出生于哈尔滨，于2004年就读于哈尔滨工业大学经济与管理学院，并担任EMBA2004级一班副班长。2007年获得哈工大工商管理硕士学位。现任哈尔滨柏朗实业发展有限公司董事长、中国家具协会常务理事、黑龙江省工商联合会常委、哈尔滨市第十五届人大代表、哈尔滨市人大民宗侨委员、哈尔滨市工商联副会长、哈尔滨家具协会副会长、东北林业大学硕士研究生导师。柏德禄获得了诸多的荣誉："黑龙江省十大杰出青年""哈尔滨市十大杰出青年""黑龙江省劳动模范""哈尔滨市特等劳动模范""哈尔滨市光彩企业家""儿童慈善大使""哈尔滨市关爱工程先进个人""2004年度中国十大民企英才""东北林业大学特聘教授""2007年哈尔滨年度经济人物"等。

实业报国　心念社会

——记哈尔滨柏朗实业发展有限公司董事长柏德禄

有胆有识，敢想敢闯。凭着年轻人的闯劲，柏德禄在改革开放之初的 1980 年，带领一批立志创业者和待业青年创立了哈尔滨柏朗实业发展有限公司前身——柏顺木器厂。企业历经近 40 年的成长与壮大，从一个手工作坊发展到现如今龙江办公家具龙头企业。风尘仆仆一路走来，不仅见证了中国改革开放几十年的沧桑巨变，也以永不停歇的脚步、无畏前行的意志留下了属于自己的足迹。目前企业的产品种类得到了极大的丰富，在业内及消费者中的品牌美誉度也得到了极大的提升。公司从原来单一的家具生产制造型企业，成功完成了向科技型、智能型办公空间设计企业的转型。

随着 21 世纪的到来，知识经济时代环境中的不确定性日益突出，企业的发展面临着前所未有的挑战。传统的管理方法和知识技术，已经远远不能满足日新月异的经济环境。企业要想保持核心竞争力，作为企业的带头人，只有不断地梳理、调整、汲取、创新，才能使企业释放出新的能量，抓住新的生机，保持竞争优势。因此，"柏朗"需要一个重新出发的契机。

学习永远是人生中最有意义的投资，正是深刻地认识到学习对创新发展的重要性，柏德禄于 2004 年 9 月，通过严格考核进入哈尔滨工业大学经济与管理学院高级工商管理专业（EMBA）深造学习。

通过三年的系统学习，柏德禄最大的感受就是，过去是经验主义的思考模式，现在学会了用科学的、多维的思考方式进行结构化思考，为企业管理和今后的发展战略布局带来了全新的视角。

改革开放的先行者

沐浴着改革开放的春风，作为改革开放的先行者，柏德禄1980年开始"下海"创业，胸怀壮志，带领着一批待业青年和自谋职业者创立了柏顺木器厂。伴随着企业的发展，柏德禄获得了诸多的荣誉："黑龙江省十大杰出青年""哈尔滨市十大杰出青年""黑龙江省劳动模范""哈尔滨市特等劳动模范""哈尔滨市光彩企业家""儿童慈善大使""哈尔滨市关爱工程先进个人""2004年度中国十大民企英才""东北林业大学特聘教授""2007年哈尔滨年度经济人物"等。

由于技术质量过硬，其产品在家具行业和消费者中获得了良好的口碑，多年来企业先后获得中国家具协会常务理事单位、国家高新技术企业、东北林业大学研究生实践教学基地、资信等级AAA级企业、省市守合同重信

柏德禄与团队成员开会

用企业、黑龙江省诚信示范企业、东北四省（区）诚信示范企业、哈尔滨市纳税 A 级企业、哈尔滨市科技进步三等奖等荣誉称号，并率先在家具行业通过 ISO 9001、ISO 14001 双管理体系认证及十环认证。

在当今知识经济时代，环境的不确定性日益增加，企业的发展面临着前所未有的挑战。传统的管理方法和掌握的知识技术已经远远不能满足于时刻变化的环境，企业要想保持核心竞争力，作为企业的领导者就只有不断地调整、吸收、创新，才能使企业获取和保持竞争的优势。对知识的获取、吸收、转化和利用的能力无疑成为企业家最需要的能力。

正是深刻地认识到学习对创新的重要性，柏德禄通过三年的 EMBA 系统学习，掌握了牢固的商业理论知识，学习到了先进的企业管理理念，对企业未来的发展方向和战略布局更加明晰，对企业每一阶段的发展重点更加了解。哈工大经济与管理学院三年的校园学习时光让柏德禄结识了很多志同道合的朋友、德高望重的师长。

柏德禄通过每堂课上与同学们激烈的讨论和探究，逐渐理清企业发展的症结所在，为企业管理提出解决方案；与师长的每一次交流都使新学到的理论知识得到不断的强化。通过在哈尔滨工业大学 EMBA 班的系统学习，资深教授的授业、解惑，柏德禄在企业管理方面的能力从量变到质变，有了飞跃式的成长。他更加清晰地找出自身在企业管理中的不足之处，从而对症下药，在提升管理能力的同时，也改善了企业的经营水平。

EMBA 班的同学都是来自各个领域的精英，教师也是国内管理方面的专家学者。柏德禄深刻认识到三年的学习生活是向行业精英取经、向知名专家求教的好机会，与各个行业的精英探讨、取经、彼此切磋成了他三年中的常态。正是在一次次的脑力激荡中分享彼此的经验和观点，才使得他突破了现有企业管理的瓶颈，打破了固有的思维模式，开拓了全新企业管理的视野，丰富了自身的企业管理及经营理念。

柏朗家具展示中心及参展图片

时光荏苒，三年的学习生涯转瞬即逝。柏德禄每当回想起企业曾经在经营中遇到瓶颈与困难时，同学们集思广益给予建议及解决方案，帮助自己解决棘手问题；每次在课后讨论、消化课堂上所学的理论知识时，大家都会结合自己在企业管理中遇到的实际问题，相互探讨、分享经验。那种为着共同目标而努力的忘我和执着的精神，时至今日依然让他感慨良多。

正是同学间的这种互通有无、互惠互利使得彼此间变得愈发了解、亲密无间，也促成了互相之间的合作、发展、共赢。哈工大EMBA的学习，让每一位同学感受到脑力激荡带来的帮助和收获。通过这样的讨论可以激发每个人的热情，每个人都可以畅所欲言、相互影响，没有任何拘束，充分地表达自己的观点和理念。这样的交流不断产生化学反应，让人形成新的观念并突破自己的固有思维和束缚——这是柏德禄在来到EMBA学习之前从来没有过的体验。他将这样的全新模式带入企业，使得企业管理人员的管理能力、意识有了本质的改变，通过不断地探讨让每个人在本职岗位中将自己的能力充分发挥到极致，为企业带来了活力和创新力。

心念社会的反哺者

柏朗实业在柏德禄董事长的管理和经营下，经过多年的发展，从一家单一生产家具的企业，发展到现如今集办公空间优化、智能家具集成、定制家具设计、人性化配送服务为一体的集团化企业。柏朗实业从成立至今30余年，公司的客户遍布政府机关、事业单位、金融机构、中央企业、地方企业以及国外的500强企业。

柏德禄董事长始终将诚信经营视为企业发展的生命，在面对客户时一直要求员工保证产品质量，提供以人为本的服务。无论客户大小、需求量多少，都要一视同仁提供无差异化的服务，把最优质的、最新的产品带给客户，给客户最舒适、最温馨的体验。这也正是柏朗公司以"诚信、务实、

柏朗家具1998年抗洪赈灾爱心捐赠

创新"为经营理念的最好诠释。正是因为柏德禄董事长秉持这样的发展理念，才使得柏朗实业历经30余年发展，始终处于行业领先位置，成为全省乃至全国家具行业中的佼佼者。

柏德禄董事长为实现实业报国、奉献社会的愿望，在黑龙江省政协委员任期内多次发言，并提出多个关于民生和经济发展方面具有建设性的建议。其中，他提出的"关于招投标活动的现状和建议"，对省内办公家具招标的公开透明、公平、公正、避免恶性无序竞争起到了指导性作用，获得了招标单位的认可；他提出的"关于优化发展环境解决企业历史问题的建议"得到省委、省政府主要领导的重视和批复，省委发展环境整治领导小组办公室、黑龙江省政府企业投诉中心、专项巡视组因此成立，为推动黑龙江省经济发展环境的改善做出了重要的贡献。同时，他在担任哈尔滨市人大代表期间多次为民发声，提出有关民生民情和企业经济发展的意见。他提出的"关于在斯大林公园防洪纪念塔一侧设立滨江浴场的建议""关于共享开发区汉水路、华山路、赣水路、衡山路合围区域绿荫健身步道还绿于民的建议""关于开发区丽顺街及宏景广场恢复路灯的建议""关于长江路、汉水路、衡山路两侧绿地泥土固定的建议"四项建议得到了市领导和相关部门的批示和落实,惠及附近居民近万户、民众近6万人,每年节省水泥上万吨。他提出的"关于加大道外历史文化街区开发的建议"被选为优秀建议,并被《新晚报》、《生活报》、网易、东北网等主流媒体刊登转载。2016年他主笔撰写《关于尽快排除市区内居民小区中"定时炸弹"的调研报告》,拆除烟囱百余座,还绿几十处。正是因为上述的优秀提案被采纳和实施,柏德禄董事长在2014年、2015年连续两年被评为哈尔滨市优秀人大代表。

柏德禄在建言献策的同时,也积极参与社会公益事业,并将社会责任纳入企业发展使命。1999年9月10日,柏德禄为迎国庆及教师节,特聘请国家级演员及省内知名艺术家,在哈尔滨中央大街为大家奉献了一场综合性文艺演出,丰富了广大市民的文化生活。他把扩大企业规模和参与国企改革结合起来,拓宽光彩事业的领域。自2001年起柏德禄每年出资十几万元,租赁太平塑料彩印厂,这样既减少了投资,上马快、效益高,又解决了该厂的实际困难,达到双赢目的。无私奉献是他的精神体现,更是他为振兴地方经济、为社会发展所做出的努力。

一向勤俭持家的他总会对自己的员工说:"我平时从不浪费,能用的东西尽量用,坏了的东西修一修,但是帮助别人时要尽自己最大的能力来回馈社会。"助学帮扶更是成为柏德禄在企业经营之外的首要事情。为解

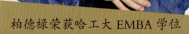

柏德禄荣获哈工大EMBA学位

EMBA 毕业典礼

决我省木兰县小学校桌椅紧缺问题，他亲自督促工厂加班加点、保质保量赶制上百套桌椅并亲自带领工人送往学校，为全校师生打造了舒适整洁的学习环境，同时还资助失学儿童重新回到学校；在百年一遇的1998年大洪水袭击哈尔滨及周边地区时，他出人出物为抗洪救灾贡献企业的一份力量；2008年汶川地震，他组织企业全体员工为灾区捐款；精准扶贫时他又积极响应党中央的号召，率先带头选定帮扶对象，出钱出力资助贫困户，其帮扶的贫困村已基本脱贫。多年来柏德禄董事长为赈灾扶贫、抗旱打井、帮学助残、军民共建、精准扶贫等累计捐款捐物千万余元，累计安排下岗职工再就业1 000余人次……在他看来所做的一切都是作为一名企业家对社会义不容辞的义务和责任，并希望通过自己这份微薄的力量为社会的和谐发展做出贡献。

"授人以鱼不如授人以渔"，柏德禄董事长在经营企业的同时，也特别注重人员能力的培养。在他的扶持和帮助下,一批年轻骨干走出去开办了家具厂、成立了家具销售公司,在拉动了地方经济发展的同时也增加了就业岗位,柏朗实业也被那些走出去的柏朗人奉为哈尔滨办公家具企业的孵化器。

在竞争激烈的家具行业中,"柏朗"以其超前的企业发展意识,坚实稳健地迈出每一步。在日新月异的市场大潮中,柏德禄将继续秉持理论联系实际与实事求是的精神,贯彻"诚信、务实、创新"的企业经营理念,奋力前行,继续发挥龙江家具行业龙头企业的引领作用,开拓办公家具的智能化、科技化、人性化的创新领域。为拉动区域协调发展,振兴龙江经济发展做出自己的贡献。

哈工大的 EMBA 人

王晓明
HAGONGDA DE EMBA REN

HARBIN INSTITUTE OF TECHNOLOGY

　　王晓明，男，汉族，1966年4月出生，中共党员，1989年7月毕业于黑龙江大学化学系高分子专业，2010年11月获得哈工大工商管理硕士学位，现任哈尔滨鹏程药用包装新材料科技股份有限公司董事长兼总经理。哈尔滨市第十二届政协委员，黑龙江省第十三届人大代表。先后获"道里区创新创业标兵""哈尔滨市职工创新标兵""全省职工创新标兵""哈尔滨市第三十六届劳动模范""践行新理念、建功十三五优秀班组长""哈尔滨市有突出贡献中青年专家"等荣誉称号。

创业 26 载
找准人生跑道的领跑者
——记哈尔滨鹏程药用包装新材料科技股份有限公司总经理 王晓明

27 岁，你的人生是什么样子？

对于大多数年轻人来说，参加工作没几年，正处于职场迷茫期，至于未来该怎么办，可能一切都是未知数。可是对于当年 27 岁的王晓明来说，他好像从来没有迷茫过，因为他那时已经当上了一个国有大厂的人事劳资科长，掌管着 1200 多人的岗位、工资调配权，此时他大学毕业不满三年。

正当事业如日中天时，王晓明却做出了一个惊人的决定：辞职！下海！更让人吃惊的是，在厂里不批准他辞职的情况下，他毅然决定：裸辞！也要试水！就这样，从 27 岁那年开始，王晓明放弃优越的工作环境和条件，重新选择了人生，白手起家成立了公司，直至现在拥有上亿资产，成为全国药品软包装行业的领军人物。纵观他的成长经历，不得不说：成功，就是找对人生的跑道，成为这条跑道的领跑者。

放弃仕途"裸辞"下海冲浪

走进王晓明的办公室，墙上挂着一幅父亲的字："建德立名持正道，报国兴家步坦途。"这是老人对儿子的勉励，也是王晓明多年来为人处世的座右铭。

1966 年，王晓明出生在黑龙江省海伦县，他的父亲是一名老干部，他没有给家人带来优越的物质条件，却一直用严格的标准来要求孩子们。父亲常说的一句话是，知识可以改变命运，知识可以报国兴家。1985年，勤奋好学的王晓明考上了大学。回忆当年，他感慨道："一个人的成长离不开家庭的熏陶，家风更是砥砺品行、干事创业不可或缺的精神指针。"在大学四年间，王晓明凭借着克勤克俭、自强自立、谦虚谨慎、律己以严、爱党爱国的家教熏陶，努力学习，积极参加社会实践活动，很快就加入了中国共产党，当上了系里团总支副书记，获得了"省优秀团干部"称号，成为学生中的佼佼者。

1989年毕业后王晓明被分配到国有企业——黑龙江铝箔厂工作，在具备新引进的意大利和日本软包装设备的分厂实习。积极肯干的他，白天开动设备一遍遍学习，晚上翻译说明书，很快就掌握了这些设备的原理和软包装技术，这个年轻的实习生让车间师傅们刮目相看。当年，他的《工厂质量管理QC论文》分别获得厂、省厅一等奖。一年实习期满，他被任命为厂团委书记。在正常的工作之余，带领团员们搞业余创收活动，利用厂里生产的卷烟锡纸剩下的边角废料，生产糖果纸销售给糖果厂，变废为宝，

王晓明在办公室查阅资料

一年下来挣了 5 万多元钱，他的名气在厂里一下大了起来。厂长看中他的经营头脑，让他组建了一支研制化工产品的队伍，没想到凭着一股子韧劲儿，不出半年，产品便开始生产了。

1992 年春天，全厂开展三大制度改革，他被任命为人事科长。改革涉及全厂 1200 多人的切身利益，尤其三四百人要下岗分流，涉及的事情和人员纷繁复杂。他与同事一道，顶住各种压力，在既有支持鼓励又有谩骂恐吓的情况下，历时近半年顺利完成改革，领导和工人们对他赞赏有加，王晓明也累瘦了一大圈。

正在厂里干得风生水起的时候，他却做出了让周围人都感到惊讶的决定，辞职下海！厂长与他促膝谈心，甚至以拒绝调走档案来挽留他，可王晓明却吃了秤砣铁了心，决定不批准就裸辞！他回忆道："认识我的人都认为我疯了，但我认为，既然市场经济是未来的主流，那就不应该继续维系在计划经济体制里面，应该顺应时代激荡的潮流，在这股浪潮中勇于拼搏，去'自由冲浪'，哪怕前面要面对的是惊涛骇浪！"

艰辛的创业之路没有侥幸

"万事开头难"，想创立一番事业，是一件异常艰辛、充满磨难的事情。1993 年，裸辞后的王晓明经过一年的摸索，成立了哈尔滨鹏程软包装材料厂，资金筹集是最大的难题。"妻子和姐姐帮助四处借款，把房子都抵押出去了。那一段时间，妻子正在孕期，为了筹建公司我们几乎一贫如洗，仅靠妻子几十元的微薄工资生活，夏天给妻子买块西瓜吃都是一种奢望。面对亲人的支持，要是放弃了，如何面对妻子、姐姐和还未出生的孩子？"他动情地回忆道。

工厂开业赶上冬季，王晓明既当生产工人，又当业务员。没有业务，他就亲自跑；没有交通工具，他就依靠公交和双腿。一冬天下来，两只脚已经冻伤。只要接到业务，他又变成了生产工人。员工操作不熟练、技术工艺薄弱，他就吃住在生产一线，亲自参加生产并为员工培训技能和技术，往往一天下来觉得全身都散架了。可即使是这样，前期的几个月，得到的收入也仅仅够维持生计。1995年1月,他的儿子呱呱坠地时,他还在车间忙碌。听到妻子临盆的消息匆忙赶到医院的他,手上甚至还沾着油墨。妻子没有埋怨,还安慰他说:"单位要紧,你去忙吧!我能照顾孩子,放心吧!"此时他的心中再次燃烧了希望的火焰,通往成功的路上他不再感觉孤独寂寞……

凭着一份信念和执着,王晓明的公司慢慢地打开了局面。到1998年,工厂从3年前一间300平方米的小平房变成了上千平方米的大车间,员工发展到30多人,客户也积蓄了50余家,创业初期的借款基本还清。站在宽敞明亮的车间里,王晓明的内心波澜起伏,创业的路充满着艰辛,除了劳累,还有对失败的恐惧。为了梦想、为了家庭、为了责任,他的脚步不曾停歇,在前行的道路上永不言弃。

危急关头"谋划"转型发展

创业初期的收获并没有让王晓明停止奋斗的脚步。随着包装行业快速发展,竞争日益激烈,他潜心研发出差异化产品,技术水平始终在同行中

鹏程公司生产车间及原材料仓库

领先，订单应接不暇。1998年至2003年这五年间，他的公司完成了第一、二、三代设备的升级，逐渐在行业中崭露头角。俗话说："大干大成，小干小成，不干自然一事无成。"2003年，公司被道里区群力园区列为重点招商项目。王晓明狠下心来，大手笔买了一块8000平方米的土地，建设了一栋5000平方米的办公楼和车间，由此企业综合实力上升到全省行业首位。此时的他决心继续努力，进一步实现雄心壮志。

但随后的两年，他遭遇了创业以来的一次大危机。2004年4月，安徽阜阳爆发了婴幼儿食用劣质奶粉后变成"大头娃娃"的事件，黑龙江省是乳业大省，进入了行业全面的停产整顿期。那时王晓明公司的客户有80%来自省内乳品行业，包装订单瞬时降到低谷，300余万元货款收不回来，新的领域订单暂时衔接不上，再加上建设新厂的贷款，企业资金链面临断裂危险，这场危机对于他来讲，无疑是灭顶之灾。正当这时，父亲被查出患有肺癌。面对双重打击，是向命运屈服，还是勇敢地迎接挑战？他选择了后者。一边四处奔走讨要货款，一边往返哈尔滨市和海伦市照顾病中的父亲。父亲在弥留之际叮嘱他："你要做一个报国兴家的企业家，而不是一个只管赚钱的老板。"父亲的嘱托犹如迷途中的一盏指路明灯，照亮了他前进的方向——尽快走出困局，传统企业适应新时代必须要转型发展。为了快点回收货款，他同意客户以物抵款，然后把物变卖成钱。就这样，历时艰难的一年，300多万元货款收回了，虽损失近80万元，却为企业转型提供了初步资金。

总结创业以来的艰难历程，他百感交集，他深深地感受到企业和个人一样都是有生命周期的，在企业发展的每个不同阶段都要想方设法转型提升或突破困惑与瓶颈，在破与立中抉择，在陈旧与革新中思索，在保守与解放中挣扎，过程虽然极为痛苦，却有如化茧成蝶之美，创业的激情再次在王晓明心中熊熊点燃。经过市场调研，他发现东北三省虽都是医药大省，却没有与之相配套的软包装企业。他决定利用企业技术水平在同行中领先

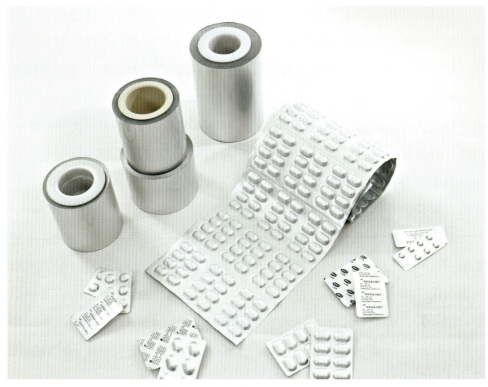

鹏程公司"冷冲压成型铝"产品

的优势,走科技创新之路,并在2006年4月终于拿到了3项国家药监局审批的药包材生产注册资质,填补了东北三省的空白。这个转型决定不仅挽救了他的公司,也昭示着未来"鹏程"的再次起航。

充电攻读EMBA"浴火重生"

企业处于转型的阵痛期,也孕育着新机会。由于药品包装行业的门槛特别高,质量标准极其苛刻,公司转型初期遇到了新的课题和困难。如何突破发展瓶颈?王晓明经常陷入深思和不安当中,虽然平时阅读了大量管理书籍并经常去外地考察学习,但始终觉得茫然,是一块心病。因此他决定攻读EMBA,解疑释惑,为企业进一步转型发展把脉。

经过了严格的考试和筛选，42岁的王晓明再次踏进校园成为哈工大管理学院EMBA2008级的学员。哈工大是全国首批开展EMBA学位教育的院校，授课老师都是来自世界各地的知名学者和专家，学员也是来自各行业的精英和骨干，24门课程安排得丰富又紧张。他直言，参加研修班的学员大多都是凭着干劲、闯劲、机遇和经验走到今天的，缺乏的就是理论知识，EMBA的大量课程就是通过案例分析把理论知识与实践经验串联起来，这让学员们受益匪浅。学员们用学会的先进管理知识挖掘自身潜力谋求全新突破，带领企业创新发展。

经历了EMBA教育，王晓明的视野开阔了。"攻读EMBA，我从未感觉是一件轻松的事情。"两年间王晓明学习的脚步从未停歇过，跟随班级出国交流、南方实地考察、撰写论文、上课互动、分析案例、向精英同学学习取经等，他就像小学生一样对知识如饥似渴。EMBA带给他的不仅是自我的提升，还是一种真正意义上的脱胎换骨、浴火重生，让未来焕发出新的生机和活力。

经历了EMBA教育，王晓明的政治站位提升了。他深切地感受到做企

鹏程公司办公楼

业不仅仅是为了自己，更多的是为国家和当地经济、为员工、为社会创造价值，尤其是作为哈工大 EMBA 学员不仅要担负企业发展的重任，更要勇担振兴龙江的使命和责任，为助力龙江经济腾飞贡献自己的力量！同时，通过学习王晓明也明确了企业的未来发展方向，并做出了整体规划，坚定了带领企业实现腾飞的信心。

经历了 EMBA 教育，王晓明的企业管理能力提高了。王晓明说，EMBA 课程的完成，不仅是他人生的转折，也是企业的转折。从 2008 年至今，10 年间王晓明就是按照论文《鹏程公司核心竞争力的研究》的研究成果来指导企业经营，把在 EMBA 所学知识和企业实际相结合，继续进行学习、考察、培训，不断与成功企业先进管理融合落地生根，确立了不断创新、具有鹏程公司自身特色的企业管理内涵理论；企业发展战略规划明确，资源整合能力、营销能力、资本运作能力大幅提升；人力资源管理水平上了新台阶；科技创新驱动起到了引领作用，多项技术专利领先全国药包行业；企业文化建设适应企业发展，迈上了新台阶；企业自身的"一个中心，两个基本点，四项基本原则"管理指导方针精髓已成为企业发展的指引方向，深入人心。

经历了 EMBA 教育和不懈的努力，王晓明的事业步入发展的快车道。由他研发的冷热铝高端药包材产品技术领先同行 10 年以上，创造了良好的经济效益；2013 年，他与其他公司合作研发博码技术，成立了软包装印刷实验基地、联合研发中心，成为黑龙江省软包装企业中唯一具备博码技术的生产商，实现了以五常大米为代表的各种绿色有机食品、药品的保真防伪溯源；同时升级成为"互联网+大数据平台项目"，为客户提供产品升级热销的解决方案和高端服务，得到了市政府的大力扶持，为企业创造了新的经济增长点；2018 年，由他主导自主研发的新能源锂电池铝塑膜替代进口的国产化项目已历经近 10 年的时间，是高性能产品向新能源战略新兴领域延伸的核心技术创新型项目，预计投资过亿元，目前已完成一期项目建设，处于初步产业化量产成熟阶段，也是填补长江以北空白的具有未来广阔市场的重量级项目。不断地创新发展，使得王晓明成为药包行业的领跑者，公司连续多年获得"黑龙江三优企业""AA级守信用单位""黑龙江产品精独特单位""环境保护先进单位""工人先锋号"等多项荣誉。

如今的鹏程公司已经是国家级高新技术企业、省企业技术中心，具备了现代化制造业的所有要素，是黑龙江省同行业的龙头企业及东北三省药包材生产排名第一的企业。

2016年公司成功在新三板挂牌上市（股票代码：839392）。历经26年的发展，公司从无到有、从弱到强，现已拥有注册资金5280万元，市值3.2亿元，计划未来几年企业实现IPO上市。

让优秀"企业家精神"更好地传播

拼搏26载，有人劝王晓明应该享受一下人生，可他却说："享受人生就是在做自己想做的事情，如果停下脚步就是浪费人生。"王晓明如此定义。他在享受人生的过程中也为企业发展带来了无限广阔的空间。

创业上的成功并没有让王晓明忘记承担社会责任，随着公司的发展，员工收入福利水平居全省同行业第一；他积极组织并参与社会公益慈善活动，带领员工抗洪抢险，向灾区捐款捐物；帮扶贫困群体，结成帮扶对象，多次受到表彰；在黑龙江省第十三届人民代表大会上，他提出的"关于为民营经济进一步减负、帮助中心企业渡过难关"的议案得到了与会领导的提名表扬和媒体的争相报道。

对于未来的发展，王晓明信心满满地说，作业一名企业家，他不仅要将所学的管理知识转化为企业创新实践，同时还要领悟企业家精神的真谛，那就是要将企业家精神变成一种社会文化，通过企业家队伍向社会传播。在取得个人成长以及事业发展的同时，为回报社会、实现中国梦做出应有的贡献。

哈工大的 EMBA 人 — 王 琚

HAGONGDA DE EMBA REN

HARBIN INSTITUTE OF TECHNOLOGY

　　王琚，回族，中共党员，毕业于哈尔滨工业大学管理学院，2010年获得哈工大工商管理硕士学位。1994年创立天顺源品牌，现任黑龙江天顺源清真食品有限公司董事、哈尔滨天顺源清真餐饮有限公司总经理，兼任黑龙江省女企业家协会副会长、黑龙江省清真专业委员会主席、哈尔滨市餐饮协会副会长。第十二届哈尔滨市政协委员，第14届、15届、16届南岗区人大代表。先后荣获"中国穆斯林事业领军人物""黑龙江省巾帼标兵""黑龙江省三八红旗手""优秀哈尔滨市政协委员""哈尔滨市巾帼建功先进个人"等称号。

从优秀到卓越
匠心传承让好更好

——记哈尔滨天顺源清真餐饮有限公司总经理 王琚

采撷海外飘香中华

在20世纪90年代初期,牛羊肉制品市场乱象丛生,生产、加工很不规范。为此,王琚勇挑重担。1994年,她突破时代的思想和束缚,毅然放弃了国有企业的"铁饭碗",成为一名在改革开放初期,响应国家号召的民营个体先驱者,与丈夫一同创办了哈尔滨天顺冷冻食品厂(黑龙江天顺源清真食品有限公司前身)。始终本着坚持经营最优质、规范的牛羊肉制品,让穆斯林同胞吃上放心肉的初心,小生意迅速成长扩大、远近闻名,产品经常供不应求。保证肉品原料的充足成为制约企业发展的首要问题,为了解决原料问题,她将目光投向了国际市场。

天顺源双城企业总部

1997年，在经过对产品的评估和市场行情的考量后，王琚亲自带队前往新西兰进行考察。正是这次考察，让天顺源开启了国际贸易事业。因为她始终坚信："追本溯源，好的原料才能成就好的天顺源产品和好的未来。"由于新西兰等海外牧场，牛羊采用天然草场放养，并且实行规模化的自然养殖，产品实行全年屠宰，没有淡旺季之分，并且当地草木繁茂，非常适合牛羊生长。好的环境缔造好的食材，品尝过后，她发现当地肉品口感及口味相对国内品种优良很多。此后，天顺源先后与新西兰、澳大利亚、加拿大、巴西、乌拉圭、阿根廷等多个国家的优质牛羊肉出口商达成战略协议，极大地保障了上游原料的稳定供应。

正是因为有了上游供应充足的原料保障，天顺源便可以更多地赋予产品极致的品质追求。凭借王琚对食品行业的执着与热爱，如今的黑龙江天顺源清真食品有限公司已成长为中国清真肉业领军品牌，现拥有土地20余万平方米，员工1000余人，年生产加工能力8万吨，产品销售至全国20多个省，是集国际贸易、生产加工、供应链服务、餐饮连锁为一体的现代化集团公司，是国家重点扶持的农业产业化龙头企业。旗下有哈尔滨天顺源贸易分公司、澳大利亚海外事业办事处、天顺源北京分公司、天顺源上海分公司、天顺源武汉分公司、天顺源餐饮公司等6家分公司及办事处，年销售额突破10亿元。

从牧场到餐桌，整合产业链

天顺源的每一块好肉，都必须产自全球最优质的无污染牧场，经过多道国际标准的严格检核，并在可追溯的标准体系下生产和加工，确保将最优质的好肉端上中国家庭的餐桌，滋补每一位国人。

随着企业的战略规划和产业升级，天顺源从规模化向集团化迈进，"从牧场到餐桌"，逐步完成天顺源产业链模式。2008年王琚创立了天顺源餐饮公司，旗下包含天顺源火锅、秀场叫板烤肉两大餐饮连锁品牌。天顺源火锅，主营清真高档养生火锅及特色海鲜，定位高端商务用餐、家庭聚会

天顺源餐饮：天顺源火锅、秀场叫板烤肉

及国家礼仪接待；秀场叫板烤肉，主营休闲西餐烤肉，定位年轻人群的时尚消费。在创立餐饮分公司之初，王琚便对天顺源餐饮给予了近乎苛刻的高品质定位。用她的话讲："天顺源肉品一直是行业内的标杆，天顺源餐饮必须做到更好，让好更好！"

本着极致做事、匠心经营的初心，天顺源餐饮公司先后获得"冰城十大火锅名店""黑龙江金牌养生火锅名店""黑龙江省餐饮烹饪行业协会第六届理事会常务副会长单位""中国五星级火锅企业""改革开放40周年全国饭店餐饮业功勋企业"等几十项殊荣。目前已成为黑龙江省人民政府外事办公室接待国家首脑及国内各级领导的指定用餐单位，更成为冰城火锅的典范。

结缘哈工大 从优秀到卓越

随着企业的多元化集团化发展战略的制定，王琚深刻意识到企业家的成长速度决定了企业的发展高度与速度，必须要持续地提升自己！她决定重新回到校园，报考了哈尔滨工业大学EMBA。

在哈工大学习的每一天，对王琚来说都意味着有更多的新鲜知识被汲取，同时也丰富了人生阅历。但是，学习并非纸上谈兵，更要走出去看看、引进来用用。

2010年，在校领导的对接下，学员们自发地前往美国斯坦福大学做游学交流，王琚作为这次游学的一员，深刻地感受到发达国家高等院校的管理魅力，对很多问题有了新的认识，并且通过此次游学加深了同窗间的彼此了解，增进了友谊。聚是一团火，散是满天星，与优秀的人同行必将从优秀走向卓越。在哈工大学习的短短几年，同学之间常常互通有无，王琚通过学习结识了各行各业的精英，也增进了对其他行业的了解与认识。最终她以优异的成绩光荣毕业，取得硕士学位！

可以说，通过在哈尔滨工业大学EMBA的学习，王琚了解了企业发展中存在的不足，解决了企业存在的管理痛点，拓宽了管理维度，完善了战略规划。对企业后续的发展起到强有力的推动作用！

匠心品质坚守，天顺源让好更好

匠心精神的传承不只在于时间的打磨，更在于对品质的极致追求，在于对文化、对信仰的坚守。王琚办企的匠心坚守是企业精神的一种传递，是一种不忘初心、精益求精的承诺！从创立之初，天顺源的生产加工便严格遵循国际化的高标准，天顺源之所以有今天的行业地位，与匠心的品质追求

2015年新西兰总督及夫人来天顺源总部访问

密不可分。它规范的企业标准目前已经成为中国牛羊肉行业的标准。

然而在2009—2012年期间，天顺源产品在市场上却出现了滞销，由于当时受到伪劣违法产品的低价冲击，天顺源产品售量锐减，对于企业可以说是致命的危机。但是王琚没有选择放弃，反而选择了坚守！用她的话讲："产品的品质就是企业的生命线，放心给爸妈儿女吃的产品才能卖给我们的客户，所以再难也要把好品质关！"面对这样的危机她始终秉承着用良心做食品的理念，丝毫没有因为降价而降低企业产品质量，对于品质的坚守，她始终没有放弃！

就在2012年，企业迎来了转机，国家对食品造假进行全国性的打击，在查封一批违法企业的同时，天顺源迎来了市场的崛起。先后多次在国家抽检中获得优质合格企业的认可，并且还先后获得了"中国驰名商标""国家质量卫生安全全面达标食品""中国消费市场食品安全放心品牌""中国消费者信得过单位""中国穆斯林百强企业""中国质量万里行理事单位"等几十项殊荣。天顺源在中国清真肉制品行业树立了领导地位，王琚也多次受到国家和外国领导人的邀请、接见。

天顺源作为中国清真肉业领军品牌，在国家发展与民生双重需求的时代下孕育而生，在"德信为本，清真为源"的企业理念下逐渐发展壮大。天顺源人更加坚信，外在的环境与格局只是脚下磕磕绊绊的路，无论道路如何坎坷波折，只要秉承持之以恒、坚定初心的做事态度，就会使天顺源走得更稳、更长久，传承着匠心精神的天顺源必将让好更好！

天行健、顺发展、源民生

王琚从创立天顺源之初便树立了"天行健、顺发展、源民生"的办企方针，作为中国改革开放以来的杰出民营企业家代表，除了为社会创造更多就业机会以外，以人为本，是天顺源企业文化的核心部分。

作为劳动力密集型企业，唯有让员工热爱这个行业，才能成就一番事业。天顺源不仅仅是对产品寄予希望，更关注每一位员工的成长与发展。

王琚要求企业的每一名员工都要坚持接受培训，并且还创办了企业内部的"天顺源课堂"，评选优秀员工作为内部讲师，每周六都有计划地开展培训，让"爱岗敬业、乐学善思"成为天顺源集团的用人理念与推动力，因为每一名员工的职业生涯规划都将创造出更多的社会价值。同时，员工在天顺源培养的匠人心态，也为其创造出更加广阔的职业发展空间。

另一方面，企业稳步发展的同时，必将承担更多的社会责任，天顺源亦是如此，王琚更是牢记使命，不忘回馈社会。1997年，经过市政府立项批准，黑龙江省第一所公办回族幼儿园在哈尔滨市道外区落成，为了让孩子们能够在更加完善的办学条件下快乐成长，她第一时间主动联系学校，积极捐款捐物；每当媒体对贫困学生进行报道，她在得知后总会十分关切，并且以匿名的方式去资助贫困学生，因为她希望给更多的孩子一个创造未来、改变命运的机会；她多年来始终每逢斋月（伊斯兰教的民俗）出资修葺清真寺，从未间断；连续20年的农历春节，她都向哈尔滨市贫困家庭捐款捐物，每年帮扶数量达500余户，切实地响应了党和国家"精准扶贫"的号召！20多年的稳健发展，20多年的积极进取，天顺源从未停止公益

天顺源每年春节向哈尔滨市贫困家庭捐物　　天顺源慰问哈尔滨市公安干警　　天顺源向哈尔滨市道外区清真寺建设工程捐款

事业的脚步，累计捐款、捐物达 1000 余万元，为促进社会和谐发展持续贡献着巨大势能！

　　从韶华之年到知天命，从最初只想致富奔小康到如今带着社会责任砥砺前行，王琚始终本着全心全意工作、认认真真生活的人生哲学，带领天顺源稳步发展。"坚守清真文化信仰，关注世代国人健康，全球优选好肉，精制中国味道"是天顺源的使命所在，"天行健、顺发展、源民生"是天顺源的企业方针。企业之魂必是企业家之心：她肩负使命，为梦想挥洒无尽的激情，为希望插上丰满的翅膀；她秉承传统，在履行使命中实现自身价值，在回馈社会中找到幸福和满足；她关注民生，以曲折而坚实的足印无愧使命地记录着她令人感动的昨天，并大步走向充满希冀的未来！天顺源，让好更好！

哈工大的 EMBA 人 王立东
HAGONGDA DE EMBA REN

HARBIN INSTITUTE OF TECHNOLOGY

　　王立东，2012年获得哈工大工商管理硕士学位，任中国青年企业家协会常务理事；黑龙江省企业联合会、黑龙江省企业家协会、黑龙江省工业经济联合会副会长；黑龙江省青联常委；黑龙江省青年企业家协会副会长；民革黑龙江省企业家联谊会副会长；哈尔滨市总商会海南商会副会长，深圳商会副会长。王立东多次荣获高级国际职业经理人、中国建设行业百名管理英才、全国建筑业企业优秀项目经理、黑龙江省优秀企业家、黑龙江省劳动模范等荣誉，在第四届黑龙江经济风云人物评选中荣获黑龙江十大经济风云人物称号，在第五届黑龙江经济风云人物评选中荣获黑龙江杰出民营企业家称号，荣获第三次全省非公有制经济人士优秀中国特色社会主义事业建设者、哈尔滨市建筑施工优秀企业家等称号，企业荣获黑龙江省纳税大户荣誉称号，集团荣获黑龙江省五一劳动奖状。

心系百丈高楼　胸怀鸿鹄之志

——记黑龙江东辉投资集团有限公司董事长 王立东

王立东给外界的印象一以贯之的谦逊、低调、务实，也许通过寥寥几句话还不足以对他有一个具体的印象。但提到他的产业，大家或许能对他有一个更清晰、更具体的认知——东辉集团，龙江城市建设者的典范。在黑龙江建筑行业，不论提起至臻至优的市政工程，还是华丽大气、配套齐

追求卓越，企业精神引领发展

全的住宅小区，抑或是内优外美、以匠心艺术铸就的精品工程，人们都会首先想到东辉集团。

他深耕建筑行业20余年，从施工一线做起，到跟随父亲一起创业，再到如今成为一位有理想、有担当的民营企业家，成为引领企业砥砺前行的掌舵人。这一路走来，多年的商海沉淀，锻造了他勇于创新、敢于冒险、诚信务实的品格。他身上所展现的坚韧不拔的创业精神、敢为人先的创新精神、心系社会的担当精神令人敬佩。在他身上能看到作为一名建筑人不忘初心、坚守匠心的精神，更能看到作为一名领导者努力拼搏、不断进取的时代风貌。

与时代同频　推动企业发展

王立东现任黑龙江东辉投资集团有限公司董事长，在他的领导下，"东辉"已经成为精工美宅的代名词。不管是始终坚守打造"责任地产、道德工程"，还是组织员工走进敬老院、福利院，捐资助学、爱心奉献，都饱含着这位民营企业家满满的正能量。

作为一家集房地产开发、房屋建筑、物业管理为一体的多元化大型企业集团的领导者，他带领东辉集团不断实现新的跨越发展。东辉集团自成立以来，坚持秉承"诚信、务实、创新、发展"的企业精神，认真贯彻"以人为本、和谐包容、团结合作、锐意进取"的管理理念，始终在向高质量发展的道路上大步前进，不断迈向新台阶。他以"根植道里，贡献社会"为己任，不断推动区域经济发展建设。在他的领导下东辉集团连续多年为国家上缴利税过亿，多次被中共哈尔滨市道里区委员会、哈尔滨市道里区人民政府授予纳税贡献大户称号，赢得了社会的高度赞扬。

作为一名成功的企业家，他经常和别人讲的不是东辉的成功之道，而是对东辉未来发展依靠什么的审思。他跟公司员工讲得最多的一句话是：

"我们不管别人怎么做,东辉一定要本着精工品质、不忘初心、坚守匠心,坚持打造责任地产、道德工程。"现实生活和工作中,王立东是这样说的,也是这样做的。这种自我警醒、低调冷静始终伴随东辉成长,也给了东辉持续创新的动力。

读 EMBA 是为了少走弯路

在事业取得一定的成绩后,他时常思考一个问题,怎么才能带领企业取得更大的发展。从那时起他便有了就读 EMBA 的想法,回顾在 EMBA 学习的经历,他常说,当时初衷是想实实在在多学点东西,学习和借鉴别人的先进经验,让自己在企业经营过程中能够少走弯路。在他看来,选择哈工大 EMBA 继续深造是非常正确的,与老师、同学们的每一次思想碰撞都在无形之中推动了企业的进步,这也是他在课堂上最大的收获。通过那段时间的学习,他深觉继续学习的重要性。他说每个企业的发展阶段都有不同的过程,不同阶段会碰到不同的困惑,当你向大家请教遇到的问题时,很多有过类似经历的同学都会与你分享解决问题的经验,并向你提供帮助。

从 2008 年至今已经过去 10 余年,EMBA 的学习不仅让他对产业动态和市场环境有了及时和深刻的了解,也更加深化了他对于公司管理的理解。在这里,大家被一份情怀所维系,建立了真挚的同窗之情。同学们除了很好地延续了校友和师生间的情意,更重要的是同学中汇聚了各行业的精英,通过这个平台,跨界的沟通和学习有利于大家拓宽视野、解放思想。

EMBA 的学习让他收获很大。一方面,可以静下心来,考虑以前做过的事是对是错、是好是坏;另一方面,对下一步要做的事情有了理论支撑,并与自己的实践经验有效结合,形成了个人的管理观念、管理风格和管理体系。哈工大 EMBA 为企业之间创造了相互交流与学习的机会,老师们对学生的无私大爱和专业指导,让每个人都看到了自己的改变和提升,打开了对企业管理和战略审视的格局。

精准定位 以质量赢得口碑

在王立东的领导下，东辉集团始终本着"以质量求生存，以安全为保障，以管理求效益，以信誉求发展"的经营理念。凭借科学的企业管理和雄厚的技术实力，2002年东辉集团与哈尔滨市北兴房地产开发有限责任公司合作开发了北兴教育园小区工程；2008年3月，东辉集团全资收购了韩资企业——哈尔滨同仁房地产开发有限公司，并成功开发了东辉明珠园（汉城国际）小区。十几年间，先后承建了哈尔滨地铁一期控制中心、哈尔滨市政府科技办公室技术综合楼、哈尔滨市职工文化艺术宫、中科院哈尔滨技术转移转化中心、东辉明珠园小区、龙泽·金水尚都A-01区工程、宝宇·天邑澜湾二区工程、宝宇·天邑澜山工程、哈尔滨恒大绿洲工程、哈尔滨恒大丁香郡工程、哈尔滨恒大御峰工程、哈尔滨恒大御府工程、哈尔滨恒大中央广场工程、大庆恒大绿洲工程、阿城恒大城工程、华美太古工程、英伦名邸住宅小区二期工程、黑龙江香坊实验农场综合写字楼及职工住宅工程、巴黎第五区、福源尚都、玫瑰湾、哈麻住宅小区（四季上东）、壹品新境、盛和世纪、滨江国际、新大发国际广场、哈尔滨你好荷兰城A区等大批省市重点建筑工程，并在工程施工中广泛应用十项新技术，获国家优质工程奖、黑龙江省质量最高奖——"龙江杯"奖、黑龙江省甲级优质工程奖、"沈、长、哈"三市优质工程奖、哈尔滨市优质工程奖、国家AAA级安全文明标准化诚信工地、黑龙江省安全质量标准化样板工地奖、哈尔滨市安全质量标准化样板工地奖、黑龙江省建设系统十佳施工现场、"哈、长、大"三市安全联检金牌工程、黑龙江省建筑业十项新技术应用示范工程奖等多项荣誉。

在王立东的领导下，东辉集团已经成为建筑行业的标杆企业，经济效

打造"花园式工地",施工现场彰显企业形象

益和社会效益连创新高,企业竞争力不断增强。东辉集团发挥团队优势进行科学创新,打造质量管理标准化、安全文明施工管理标准化、内业资料管理标准化等多项管理标准化,用品质与诚信赢得口碑,不断提高在行业内的影响力和信誉度,树立行业典范,引领行业发展方向,已然跃居黑龙江省建筑行业龙头企业之一。

顺势而为 主动求变

王立东坦言,经营一家企业所带来的艰辛对任何人而言都太正常,不足为道,他对市场有自己理性的洞察力和高瞻远瞩的判断力。为了紧跟时代的步伐,王立东力求创新。当谈到新时代下的企业家应有新作为时,王立东语重心长地说,在他的心中,为社会创造就业机会、建造精品工程、放心工程，创造物质财富和精神财富，是他经营企业的根本目的。

他明白，任何行业都是在不断变化的，对于建筑行业来说，随着日益增长的建筑需求及科学技术大变革的趋势，建筑行业唯有顺势而为，主动拥抱变革，形成以绿色化为发展理念、以工业化为发展方式、以信息化为发展手段、以标准化为发展保障的核心发展路径，才能实现建筑业的转型升级与高质量发展。在他的带领下，如今的东辉集团，一方面是坚持走高质量道路不动摇；一方面是走上技术创新驱动产业升级的道路，不断交出靓丽的企业发展答卷。

习近平总书记曾说："新一代民营企业家要更加奋发有为……努力把企业做强做优……新时代是奋斗者的时代。"王立东的远见卓识、勇于创新的精神着实令人敬佩。新时代的背景下，我们的周围从不缺少追梦人，缺少的是努力奋斗、有实干精神的梦想家。王立东无疑就是这样一位有梦想的实干家。

饮水思源　心念社会

熟悉王立东的人都知道，他是一位具有强烈社会责任心的企业家。"把工程质量做到最好，把社会效益放在首位"是王立东始终牢记的社会责任。他认为新时代的企业，理应如此。

尽管王立东身兼数职，但他奉献爱心的脚步从未间断。在他看来，作为一名优秀的企业家就是要勇担社会责任，热心参与各项活动，为地方经济建设和社会发展建言献策，反映人民群众的呼声，关心社会公益事业，对地方民主政治建设做出积极贡献。

事实上，王立东正是一直用自己的实际行动践行着企业家的责任和担当。自2009年起，东辉集团开始实施"畅通工程"，支援新农村建设：2009年，东辉集团投资320万元为呼兰三胜村至东沈村修建公路8.15公里，解决了附近四个村村民的出行难问题；2010年，东辉集团在呼兰沈家店和吉堡村之间修路3.6公里，共投入160万元；同年，东辉集团捐资140万元为呼兰城子村安装太阳能路灯102盏，点亮了农民的致富路；2011年，分别为阿城新强村和呼兰永利村修建村村通公路3.2公里和4.1公里，总投资345万元。多年来，东辉集团为农村铺路修桥、安装太阳能路灯等，累计投资1000余万元，为新农村建设贡献了力量。

此外，王立东还积极关注社会福利事业和重大事件，努力弘扬传统美德，主动承担社会责任。在北京奥运会前夕，他组织号召公司员工开展了

承接哈尔滨市政府科技办公室技术综合楼、红博西城红场、哈尔滨市职工文化艺术馆、哈尔滨地铁一期控制中心等大批公企项目，以匠人之心勾勒城市天际线

"迎奥运2008米长卷签名"活动。一方有难、八方支援,汶川地震发生后,他带领东辉集团员工捐款捐物价值77.5万元;为玉树地震灾区捐款捐物价值46万元;为南方旱灾捐款30万元。2008年,面对金融危机和市场竞争的严峻挑战,他还为返乡农民工提供了八千余个就业岗位,缓解了社会就业压力。自2009年以来,每年组成"爱心慰问团"携带福利品分批去敬老院、儿童福利院和抗战老兵家中慰问,送温暖、送关爱,弘扬传统美德。在他的组织下,东辉集团已与12个敬老服务中心结成帮扶对子,累计捐款捐物价值75万元;为儿童福利院捐款捐物价值61万元;每逢佳节,他都会组织员工到抗战老兵家中慰问,送去米、面、油等生活必需品。此外,东辉集团还积极响应市委市政府的号召,与员工一起开展"企业捐一天利润,员工捐一天收入"的"慈善一日捐"活动,累计捐款110万。截至目前,东辉集团多年不变的爱心善举已为社会奉献爱心超3000万元。

爱心助学 传递社会正能量

心怀感恩之心,不忘回馈社会。企业的发展离不开百姓的信任、社会的认可、政府的支持,王立东在取得重大成就的今天,始终不忘承担社会责任,支持教育事业。每一笔捐赠的助学金都凝聚着他的爱心与对教育的支持,每一分的捐赠都寄托了他对提升家乡

不忘初心,关注民生。捐建呼兰区石人忠林中学及呼兰区石人镇城子村亮化工程

一方热土一方情，东辉集团奉献爱心、积极参与公益活动

教育质量的期望。

他积极投身于教育事业，连续多年实施"助学工程""畅通工程"和社会救助。在王立东的带领下，东辉集团每年实施"123"助学计划，即每年捐建1所希望学校，每年捐助20名贫困学生，每年为希望学校投入30

万助学资金购置教材和电教设备,同时在学校设立了"东辉班"和"东辉奖学金"等。如今,这些受捐助的学生中,有很多都已考入重点高中,有34名学生顺利考入大学。

2007年,东辉集团为呼兰腰堡小学捐款110万元,购置教学设备和体育器材;2008年捐款160万元为对青山镇建设小学兴建教学楼;2009年捐款400万元建设呼兰区石人忠林中学,2011年11月又为该学校捐款5.4万元、捐书4000余册;2010年投入185万元为阿城南城小学修建教学楼;2011年投入176万元为呼兰兴才小学购置电教设施。

"未来的路还很长,我会努力走好脚下的每一步,坚持不断创新,坚守匠心品质,对自己负责、对企业负责、对老百姓负责,让东辉质量深入人心。"谈及企业未来的发展思路时,王立东坚定地说。

自信的人生态度、正确的市场定位、坚定的前进步伐,以及根深蒂

热爱家乡、回馈社会,捐建学校弘扬正能量

固的质量意识，最终成就了今天这样一位具有正能量的企业家。努力拼搏，是王立东人生的奋斗目标；不忘初心，是他心中永恒不变的主题。我们有理由相信，未来的 10 年、20 年、30 年……王立东和他的东辉集团必将继续书写业内的传奇，一艘多元化"地产航母"正劈波斩浪、奋勇向前！

哈工大的 EMBA 人

岳海南
HAGONGDA DE EMBA REN

岳海南，2012年获得哈工大工商管理硕士学位，她在社会上有着诸多头衔：黑龙江省工商联执委、中国民主同盟黑龙江省委法制委员会主任、中国民主同盟黑龙江省委科技委员会主委、黑龙江省女创业者协会执行会长、黑龙江省法律援助协会理事会理事、黑龙江省三八红旗手、黑龙江省工商联法律维权专家、黑龙江省妇女联合会智库专家、黑龙江省森工系统党政机关外聘法律顾问专家、黑龙江省援助女大学生创业就业指导服务示范项目"创业导师"、黑龙江外国语学院特聘职业导师、黑龙江省妇联特聘女大学生创业就业导师、哈尔滨理工大学大学生课外创新创业导师。

风雨彩虹　铿锵玫瑰

——记岳成律师事务所黑龙江分所主任岳海南

创业路上的陪伴者与守护者

从创业者到成功者，这样的道路从来都是布满荆棘、举步维艰的，然而这条路上却又充满希望、机遇与挑战。正因如此，在创业者的前行路上不乏同行者、竞争者甚至蚕食者。能够走上康庄大道的成功者寥寥无几，然而她就是在这荆棘之路中脱颖而出的佼佼者。当被问及成功的秘诀和未来的道路何去何从时，她却说："我从来不是也不愿是座指引

岳成律师事务所大厅

道路的灯塔,我宁愿成为与创业者一路走来的陪伴者与守护者。这既是我成功的秘诀,也必将是我未来要坚定走下去的道路。"是的,正是她找到了"做创业路上的陪伴者与守护者"这条法律服务途径,才使得她能够在历经风雨后,拨云见日,迎接彩虹,绽放光芒。同时,她走上今天的成功之路也离不开曾经在有着百年历史、春华秋实、硕果累累的哈尔滨工业大学攻读 EMBA 学位的难忘经历,这也为她的璀璨人生增添了浓墨重彩的一笔。她,就是绽放的铿锵玫瑰——岳成律师事务所黑龙江分所主任岳海南。

筚路蓝缕,以启山林

岳海南 1970 年 11 月出生在黑龙江,是首届全国十佳律师、国家一级律师岳成的长女。1989 年至 2003 年先后读取了哈尔滨师范大学的汉语言文学学士以及中国政法大学第二学士学位——法学专业的法学学士。在这期间,她以父亲为榜样,严格要求自己,不断学习、不断进步,并先后担任北京岳成律师事务所黑龙江分所法律顾问部主任和行政主管。从 2002 年至今一直担任岳成律师事务所黑龙江分所主任。可能很多人认为岳海南是在事务所业绩稳定时水到渠成地上任主任的位置续写辉煌、锦上添花,但现实却恰恰相反,岳海南是真正地经历了筚路蓝缕、以启山林的创业艰辛,这才有了属于她的传奇人生。

2002 年,岳海南临危受命担任岳成律师事务所黑龙江分所主任,她面临的是业务大量萎缩、客户急剧流失、对外负债几十万元的烂摊子。很多人劝她还是在北京稳定地发展或者另起炉灶,也比收拾这烂摊子容易,搞不好负债更多。但是,岳海南并不认同,她认为黑龙江分所的基础还是比较扎实的,口碑效应依然存在,只不过遇到了暂时的困难。只要选准合适的突破口，努力拼搏，是一定能够再创辉煌的。之后，岳海南走上了艰难的创业之路。她大刀阔斧、力排众议，对事务所进行了改革重组。引进新的合伙人、改善律师人员结构、吸引投资资金、调整业务发展方向，并根据当时法律服务行业的发展现状，审时度势，确立了以为机关、企事业单位提供法律顾问服务为主营业务兼采诉讼与非诉业务的综合发展道路。接着，她带领所里的律师团队开始了艰难的开发法律顾问单位的营销之路。从服务框架到具体业务，从基础通用合同文本到个体特色法律文件，岳海南事无巨细与律师团队共同起草、层层把关。白天走访客户，晚上分析汇总、拟订第二天的计划和方案。送走黑夜、迎来曙光的通宵工作渐渐成为一种常态，吃面包、喝瓶装水也逐渐成为家常便饭。就是这样，在岳海南的带领下，全所律师拧成一股劲，一家一家地开发顾问单位。一年下来，黑龙江分所已基本还清外债；第二年就实现了盈利，从此岳成律师事务所黑龙江分所走上了法律顾问服务专业化的良性发展轨道。

胸怀感激，心存敬畏，竭诚服务，伸张正义

从创业之初，岳成律师事务所黑龙江分所就逐渐树立了"诚实、正直、富有同情心是成功之本""律师挣人家钱是'乘人之危'，人家摊事才找你，我们要拍良心服好务"的办所理念，形成了"胸怀感激，心存敬畏，竭诚服务，伸张正义"的特色文化。正是在这种理念和文化的指引下，该所完成了"成就他人，成就自己"的完美蜕变。面对创业者起步初期面临的法律问题和风险，在岳海南主任的倡导和提议下，岳成律师事务所黑龙江分所开展了专门为中小企业提供的在线法律服务。针对企业发展过程中遇到的劳动人事合同、债权债务、知识产权、投融资等问题，提供了一站式的法律服务和咨询。一次某个在网上销售办公用品的小企业，在其客户下单

后，将客户所需的物品通过第三方快递公司进行派送。客户下单前和其约定当天下午三点前将办公用品送到。平日里都能准时取货送货的快递公司因为暴雨耽误了送件的时间，致使办公用品无法按照约定的时间送到。由于延误了与客户约定到货的时间，遭到客户的拒收并拒付货款，使好不容易争取到的一笔业务泡了汤。该企业遂在快递公司提出要求支付费用时，拒付快递费用，由此产生纠纷。该企业在收到法院送达对方起诉的传票后向岳成律师事务所黑龙江分所寻求法律咨询。岳海南主任了解情况后，指定律师免费为其代理诉讼。最终，为该企业挽回了损失。

在提供快捷、全面的法律咨询的同时，岳海南借助岳成律师事务所在各地开办分所的便利条件，发挥各所协同优势，为企业提供法律帮助。还有一次，哈尔滨一家企业与广州一家企业发生纠纷，经法院判决哈尔滨企业胜诉，该案进入执行程序。因路途遥远，申请执行的费用成本太高，

北京岳成律师事务所建所 25 周年留念

岳海南便帮助哈尔滨企业联系岳成律师事务所广州分所代理申请执行，从而为哈尔滨企业节省了大笔执行费用，并为其挽回了经济损失。

在律所的成长过程中，注重经济效益和社会效益的结合，积极为弱势群体仗义执言，把"为穷人免费打官司"的职业理念灌输到每一名律师心中，律所也因此赢得了社会的认可——岳成律师事务所黑龙江分所被黑龙江省司法厅评定为五星级律师事务所、2011—2014年度全省优秀律师事务所、哈尔滨市优秀律师事务所、2015年度全市司法行政系统"先进律师事务所"，2017年被哈尔滨市司法局评为"2016年度优秀律师事务所"，获得了"黑龙江百姓口碑最佳单位""黑龙江省维权突出贡献单位""就业帮扶爱心大使""无投诉诚信单位""黑龙江人民满意的金牌形象使者"等诸多荣誉，在社会享有良好的信誉和执业形象。

岳成律师事务所荣誉墙（部分）

岳海南在办公室

热爱公益，普法援助，人文关怀，时代楷模

在工作中，岳海南同志利用自己身为律师事务所主任的优势，积极组织全所律师参与黑龙江省电视台组织的"法律援助龙江行"活动，为有困难的当事人，特别是妇女群众解决相关的法律问题，依法维护其合法权益。在日常工作中，她始终怀着对群众的深厚感情，认真接待、处理群众来信来访，把群众的困难当作自己的困难，切实地为他们排忧解难、化解矛盾，合法、合情、合理地处理好每一起案件，受到来访群众的一致好评。如在处理居民李某某反映其与丈夫离婚后，其前夫不但不主动履行法院的判决书，还对其不断地进行骚扰一案过程中，岳海南同志在接待了李某某并进行了详细的案情调查后，积极与法院、公安局等相关部门取得联系，协调法院执行部门公正、快速地执行该案，公安机关还对其前夫进行了相应的处罚，在维护了社会公平正义和妇女的合法权益同时，也取得了很好的社会效果和法律效果。

在法律援助方面，她积极与哈尔滨市援助中心合作，为确有困难的群众免费代理案件，维护困难群众的合法权益。岳海南一直保持高度的责任心和让每一个法律援助当事人能够得到公平正义的对待的信念，严格要求所内律师在办理每一件法律援助案件时，都专业尽责地为每一个法律援助当事人提供代理或辩护，为他们充分地解决法律问题，充分发挥法律援助制度和法律援助律师在维护司法公正方面的作用。让法律援助案件能够顺利公平公正地进行，让社会弱势群体不再面临"请不起律师，打不起官司"的困难，让法律援助这一法律保障制度真正得以实现。

岳海南不仅积极参与普法和援助活动，而且还热心公益事业。她借助岳成律师事务所的平台，自2003年起，律所每年都在黑龙江大学法学院、海伦市一中捐资设立奖教金、奖学金，累计捐资100余万元。并接待大批来自黑龙江大学、东北农业大学、东北林业大学等高校学生实习。

在2015年年底，岳成律师事务所女律师刘威查出患有AML-M2急性白血病，病情十分危急。在了解到刘威律师的家境非常困难后，岳海南立即召集黑龙江分所管理委员会全体成员利用午休时间，就刘威律师的医疗费问题召开了紧急会议，决定在全所范围内为刘威律师捐款。全所律师共同参与起草了"爱心倡议书"，倡议书在岳成律师事务所北京总所、上海分所、大庆分所、广州分所、三亚分所及黑龙江分所得到积极响应，全所的同事齐动员，共同向刘威律师伸出了温暖的手。从12月28日下午到12月30日中午，短短的三天时间内共捐款120400元。使刘威律师得到了及时的治疗，病情得到了很好的控制。2016年5月，在刘威律师与其母亲配型成功，需要进行骨髓移植时，岳海南又再次带头组织全所捐款10万元用于刘威律师的治疗，体现了浓浓的人文关怀！

作为一名法律工作者,在维护广大妇女儿童权益的征途中,岳海南无私奉献,从不考虑个人得失,在平凡的岗位上用自己的点滴塑造着公平正义的形象,为广大的妇女树立了楷模!

登高望远天地阔,纵横捭阖自从容

习近平总书记的新时代中国特色社会主义思想贯穿着对马克思主义唯物史观的娴熟运用,这种运用突破了惯常的历史局限、社会局限和思维局限,体现了一种更为宽广的历史观、格局观,是一种"放到世界和我国发展的大历史中"的眼光,是一种"历史和现实相贯通、国际和国内相关联、理论和实际相结合"的宽广视角。学习治国治大家的大格局大气魄来治理小家是国民与时俱进、全面发展、共同实现中华民族伟大复兴的必然要求,而拥有这种大格局大智慧就要不断地提高自身的知识水平,不断地提高自身的政治素养,不断地提高自己的管理能力。岳海南认识到了这一点,并且始终把学习放在重要位置,努力在提高自身综合素质上下功夫。在加强政治学习的同时,能够结合本职工作,深入学习领会不断与时俱进的法律法规和政策。在不断提升专业水平的同时,岳海南在 2010 年选择报考哈尔滨工业大学 EMBA,并以优异的成绩顺利被哈工大录取。岳海南不但在忙碌的工作中不断地创造更多成就,也在两年的哈工大 EMBA 学习中不断地实现自我,顺利完成学业并毕业。岳海南正是在哈工大 EMBA 学习中和诸多优秀的同学们共同实践、交流、分享、合作,在思维的碰撞中实现了管理能力的整体提升。自 2002 年以来,哈尔滨工业大学为祖国各行业培养了一大批具有广阔的国际视野、卓越的领导才能、强烈的创新意识和高度社会责任感的创新型管理领袖。岳海南无疑是这些领袖中位居前列的佼佼者。

通过在哈工大EMBA两年的学习，岳海南对管理思想和管理制度有了更加深刻的理解和认知，并针对形势发展的需要因地制宜，制定并实施了适合黑龙江分所自身特点的管理制度与发展战略，强化业务水平、推进感动服务。坚持党对律师工作的领导，组织成立党支部，把党建工作摆在各项工作的首位，全面推进所内律师党的思想、作风、制度建设，坚持服务群众，维护法律的公平正义。力求以科学的管理、严谨的制度、专业的分工、卓越的团队为当事人提供优质高效的服务，同时自觉履行法律援助义务，积极参政议政，热心参与其他社会公益活动。经过不断的探索与努力，黑龙江分所在激烈的竞争中发展壮大，执业律师人数已由接任时的不足十人增加至现在的四十余人，律师的职业素质与执业水平不断提高，涌现了一批纪律严、作风正、业务精的骨干律师。与此同时，律所业务收入逐年上升，现已突破千万元，在哈尔滨市繁华的长江路上购置了六百余平方米的现代化办公场所，加强和完善办公的信息化、规范化、品牌化建设。目前，律所的业务领域涉及诉讼业务、公司业务、金融证券、知识产权、房地产等多项法律服务，并先后为黑龙江省人民政府、黑龙江省财政厅、黑龙江省交通厅、黑龙江省公路局、黑龙江出入境检验检疫局、黑龙江省政府采购中心、黑龙江北大荒农业股份有限公司、黑龙江省农业科学院、哈尔滨市国土资源局、呼兰区国土资源局、中国移动通信集团黑龙江有限公司、中国石油天然气股份有限公司黑龙江销售公司、中信银行股份有限公司哈尔滨分行等百余家政府机关、企事业单位、社会团体常年担任法律顾问，为经济建设保驾护航。

规范发展，正道成功，律师精神，薪火相传

对于如何推动律师行业的发展，岳海南认为，每个律所都应当制定完善规范的制度体系。俗话说得好："国有国法，家有家规。"就拿岳成律师事务所来说，作为法律服务的提供者，岳成律师事务所也有自己的"宪法"，就是它的"六大纲领"：一、法律顾问是岳成律师事务所的主营业务，是它的核心竞争力；二、岳成律师事务所实行工薪制，律师全部坐班，真正实现了公司化管理；三、岳成律师事务所法律服务的三大特点，专业化分工、全所服务、收费标准公开；四、岳成律师事务所坚持"三不原则"，不给回扣、不给介绍费、不给找关系走后门，坚信打官司就是打事实、打证据、打法律规定，而不是打关系；五、岳成律师事务所首倡中国律师精神，法治、正义、担当、理性；六、岳成律师事务所首倡感动服务，感动服务是该所法律服务的标准。

"六大纲领"涵盖了岳成律师事务所的制度、理念、文化以及业务等方方面面。岳成律师事务所信奉并坚持"六大纲领"，以此作为其发展的总章程。同时，"六大纲领"也成为岳成律师事务所人才招聘的第一道笔试题，牢记并深刻领会"六大纲领"是该所对律师及工作人员最基本的要求。尤其是其中"坚持不给回扣、不给介绍费、不给找关系走后门"的"三不原则"，铸造了岳成律师事务所最宝贵的"传家宝"。对于"三不原则"，岳海南认为这不但是岳成律师事务所律师必须做到的，也是每一名律师以及法律工作者应该做到的。正所谓有规范的制度体系才能促进发展，走正确的阳光大道才能取得成功。

国家兴则律师兴。这是一个充满生机、富有活力的时代，一个开拓未来、创造历史的时代。今天的中国正以前所未有的发展，怀抱"中国梦"为民族的复兴而努力。面对新阶段、新目标、新形势，每一个律所、每一名律师都应当秉持"法治、正义、担当、理性"的中国律师精神，以更加成熟的发展理念、更加优质的法律服务，伴随中国法治进程，为国家法治建设做出贡献。

岳海南的成功并非偶然,她之所以成功就在于其找到了"做创业路上的陪伴者和守护者,服务别人的过程也是服务自己的过程"这把金钥匙。并且拥有不忘公益和奉献、感激和敬畏长存的精神,这是难能可贵的。同时工大EMBA的研修经历也帮助她完善和提升了管理思想和管理能力。每个成功者都不是随随便便轻易取得成功的,成功的秘诀不在他人那里,恰恰就在自己身上,只要你善于发现、心存大爱、懂得规划,每个人都会找到属于自己的成功金钥匙。

哈工大的 EMBA 人

李国超
HAGONGDA DE EMBA REN

HARBIN INSTITUTE OF TECHNOLOGY

　　李国超，2000年毕业于牡丹江医学院，获得学士学位；2010年考入哈尔滨工业大学EMBA，2013年获得哈工大工商管理硕士学位。2000年本科毕业后进入哈尔滨市中医院从事CT诊疗工作；2004年创立了嵩山医院；2008年创办哈尔滨市诚信房地产开发有限公司，开始涉足房地产领域；2011年创建黑龙江达仁集团，担任集团董事长。时至今日，达仁集团产业领域涉及住宅开发、商业开发与经营、文旅开发与经营、医疗、农业、矿业等。他曾担任黑龙江省第十一届青年联合会委员、哈尔滨市第十四届人大代表，现担任黑龙江省第十一届工商联执委，并获得了黑龙江省第十二届劳动模范等荣誉称号。

医学企业家的责任和担当

——记黑龙江达仁投资集团董事长李国超

结缘哈尔滨工业大学 EMBA

与哈尔滨工业大学的结缘起于一个信念——只有不断学习，才能突破瓶颈，获得自身和企业更长足的发展，让企业和社会发展形成良性互动。作为企业的领头羊，只有在学识、眼界、思维方面获得长远的发展，才能带领企业不断地前行。在这个信念的驱使下，已然小有成就的李国超，决定在百忙之中再次回到校园继续深造。

2010年的10月是哈工大2010级EMBA班开学的日子。这一天李国超像往常一样早早地起床，健身、看报、吃早饭，这是他多年来坚持的习惯。但今天的他与以往不同的是，多了一重身份——哈工大的一名学生。说起哈工大，这一直是李国超梦想的地方。当年高考失利，与哈工大失之交臂，无心插柳成为一名牡丹江医学院的学生，也误打误撞地成为一名医生。但工大梦一直是李国超心中的一个情结。

百年名校所沉淀出来的浓郁的学术氛围，让李国超感觉到心旷神怡和无比放松。在这里他少了一份做企业的忧心劳力，多了一份做学生的从容与豁达。在哈工大的日子里，从融入性课程的团队意识，到基础性课程打造扎实的管理理论基础，到深化课程对整体思维的系统性训练，再到拓展课程对管理能力的整合和提升，环环相扣的课程和具有特色的管理理念，让李国超这个接受了五年医学教育的企业人在管理方面有了系统的提升，对以往企业发展过程中遇到的困难有了新的理解和视角。

两年的系统性管理课程让李国超受益匪浅，在这里奠定了他做企业人新的认知和企业发展的新方向，在这里他结识到了更多的优秀企业家和政府事业单位的优秀人士。

弃医从商实现自己的企业梦

做企业，李国超是一个例外，之所以是例外，缘由是他的本职是一名医生。弃医从商，并不是一帆风顺的。作为一名哈尔滨市中医院的医生，他明明可以凭深厚的医学造诣在行业内闯出一片天地，却偏偏选择放下从容、优渥、安逸的生活，下海经商。他认为，医生的使命是救死扶伤、治病救人。做企业的使命也是一样的，只是对的不仅仅是人，还有社会和国家。做好医生，治好病人；做好企业，强大国家，道理是相同的。做医生也好，做企业也好，都是在成就自己的同时在为人类谋幸福。

他是一名医生，所以始终怀着一份医者的情怀。2004年，在国家民生政策的感召下，他把房子卖掉，倾其所有开办了一家社区型医院——嵩山医院。创办医院期间，从买房、装修、购进设备、引进人才到办理各种审批手续，都由他全权负责。从住的地方到医院每天要往返40多公里。开办医院的手续很难办理，医院迟迟不能开业，但是他没有退缩，因为这是他的梦想和使命。几经周折，医院终于在2004年12月正式开业。嵩山医院是经黑龙江卫生厅批准的、哈尔滨市首批现代化综合性健康医疗专业机构之一。嵩山医院的创办让他实现了自己悬壶济世、救死扶伤的民生梦。

真正弃医从商的第一步是做贸易，从卖铁粉开始，没有钱雇工人就自己既做老板又做工人。那时候他没有车，就每天坐公交跑市场，从城东到城西每天往返几十公里。至今让他难忘的经历是有一次寒冬腊月去木兰送铁粉，半夜十二点送完铁粉后没有车回家，他顶着寒风走了好几公里才找到车回了家。2005年他创办了吉林鑫源矿业有限公司，矿业公司的良好运转，让他淘得了人生的第一桶金，开启了企业发展的第一步。在这期间他始终认为待人真诚、知恩感恩，才能守住根本，吃得苦中苦，方为人上人。

矿业和医疗事业的不断发展，让李国超实现了资本的原始积累。2008年他抓住房地产开发市场春天的有利时机，在实施东北老工业基地振兴战略中挑战自我，进入房地产开发行业。他始终秉承着质量第一、诚信为本、真心为民的原则，截止到2019年先后开发了阿城区金河铭苑小区、达仁悦城小区、达仁印象城城市综合体、美丽岛旅游文化综合体、御泉谷温泉别墅等项目，并与融创集团联合开发了融创·达仁印象宸院项目。涉及住宅、商业、文旅等多个领域，共改造城镇危旧住房30万平方米，改善了600余户困难家庭的居住条件，为提升城市形象、促进民生事业深入发展、助推地方经济社会的快速发展做出了积极的贡献。那段时间，他宛如一个儒雅的学者，完全不像传统意义上的房地产开发商。他每天早上5点到晚上11点都吃住在工地上，挨家挨户地走访拆迁户，就像医生治病一般，从根本上解决拆迁户的困难，让他们无后顾之忧。在他开发的所有项目中，没有一起因为拆迁而产生的上访事件。

2012年他将目光投向三农领域，创办

达仁印象城城市综合体项目

美丽岛旅游文化综合体项目

了黑龙江达仁农业科技有限公司。他以生态、绿色、健康为经营理念，充分发挥地方产业特色及资源优势，按照国家和省市关于农村工作部署及加快发展城郊蔬菜种植，促进"粮菜"换位的指示精神，在阿城区建设桃花源农业生态示范园区项目。该项目投资1.2亿元，占地1800亩，包括现代农业、园艺种植、果蔬加工、蔬菜批发、果树采摘、现代蔬菜园艺展示馆等。在他的企业里，每位员工都有一块属于自己的小菜地，大家在工作之余就到田间去放松身心、体验生活。

李国超始终认为，开发住宅要有自己的物业公司，这样才能按照自己的理念去更好地为业主服务。本着这个原则，2014年他创办了哈尔滨达仁物业管理有限公司。公司以全新的服务理念、专业的服务队伍、人性化的服务方式、多元化的经营管理，为业主提供舒适、和谐、安心的物业管理。物业管理类型涵盖了住宅、城市综合体、地下商业街、旅游地产等领域。

企业的"冬天"需要放慢脚步寻找突破口

企业的发展并不总是顺风顺水，李国超也经历过前所未有的挑战，几次面临崩溃的边缘。每每这时，他便以医者对事物的洞察力和判断力审时度势。他总是用下象棋的理论来形容自己企业的发展，何时需丢车保帅，何时要攻守兼备。

2015年12月22日，历经了21个月的艰苦奋斗，达仁印象城城市综合体项目终于盛大开业了。这在阿城区是一起轰动全城的大事件，得到了阿城区所有人的关注。他开发的达仁印象城购物中心刷新了阿城区商业发展的新纪元，填补了阿城商业的空白，不仅形成了阿城新商圈，还进一步繁荣了阿城商贸流通领域，提升了阿城居民的生活品质，促进了阿城与大城市的全面接轨。

在转型商业领域的同时，他主动适应市场经济发展的新常态、新规律。依托当地独特的文化优势和区位优势，运用国家产业政策导向，大力实施企业创新发展战略，调整企业发展方向，投资建设集文化、旅游、休闲为一体的美丽岛旅游文化综合体项目。项目总投资6.5亿元，总建筑面积13万平方米，主要包含美丽岛假日酒店、美丽岛温泉水乐园、美丽岛奇幻水王国三大主题部分。项目自2016年3月份动工到2017年6月份开业，只用了短短的15个月时间。

然而，在外界看起来繁华的背后却是企业转型所呈现出的管理与发展的脱节，企业的管理跟不上发展的步伐，导致企业在新领域里发展得举步维艰。人才匮乏、管理滞后、资金周转失调，这一系列问题使美丽岛旅游文化综合体几经停业整顿重新定位市场。

这让曾经发展得顺风顺水的李国超开始怀疑自己的选择。然而，困难并不能将他打倒。他的判断是，现在企业的管理需要转型，企业已经不是调整阶段，而是从内到外在发生"质"的变革。他认为当下要想事半功倍，迅速扭转局面，应该谋定而后动，放慢脚步，驻足思考如何寻找突破口。识时务者为俊杰！不利于行动的时候就要思考战略了，制订新的行动计划。

企业的困境让他认识到，以前只注重向前发展，发展过快而管理跟不上，会给企业埋下很多隐患，以致成为企业未来发展的桎梏。

在经过冷静分析后，他决定掉转车头，与其扬汤止沸，不如釜底抽薪，触底反弹让企业重新走出困境。一是，企业要苦练内功，打铁还需自身硬，从内部冲破企业发展的桎梏。他制订人才发展计划，提升公司人员的整体学历水平和素质，出资让有发展潜力的员工深造学习。二是，企业要对外学习，取其之长补己之短。2016年和2017年两年间他带领公司的核心管理团队从国内考察走向国外考察，吸取同行业的优秀管理经验，结合自身企业的实际情况，优化而用之。三是，企业要止损也要发展。不能因为眼前的困境就故步自封，只有为企业注入新的能量才能让企业继续生存。四是，转变经营方式，借助资本的力量，解决企业发展的困境。2016年12月8日与昆吾九鼎投资管理有限公司正式签订合同，以达仁印象城商业管理公司股权与九宜城原始股进行交换的形式，与30多家企业联合共同打造的北京九宜城商业管理有限公司已在新三板上市，拟将主板上市。2017年3月，他作为第二大股东投资入股的黑龙江中联慧通智联网科技股份有限公司，经过前期的大量运作在新三板成功挂牌，这标志着资本化运作取得了实质性进展。

医学地产人的责任和担当

医者仁心苏万物，悬壶济世救众生。作为一个商人，他以儒克戾，不忘医者本性，以回馈社会作为企业的责任和使命。多年来，企业不断发展壮大，并以实际行动践行"达德至广，仁信四方"的发展理念。他关注金源文化，资助非物质文化遗产——萨满舞的保护与传承；他关注一线工人，为上千名环卫工人送去保暖内衣、手套、袜子等物品，让辛苦工作在一线的环卫工人感受到社会的温暖；他关注贫困学生，通过各种途径开展资助，累计资助贫困学生 20 余人，为他们点亮求知的明灯；他关注农村发展，出资为农村修建道路、安置路灯、改造自来水等基础设施；他关注困难群众，为 300 余户农村困难户送去米、面、油等生活物资；他关注困难职工，带头为职工身患癌症的母亲捐钱捐物，在春节期间为家庭困难的员工送去慰问金，让职工感受到公司大家庭的温暖。

李国超为环卫工人送去保暖内衣等防寒物资

不断探求新形势下地产发展新模式

他始终认为，企业人和医生一样都要有更高的使命感。如果一个企业只追求经济效益，那么这个企业很难长久。他敏锐地察觉到，当代城市化水平飞速发展，人们对居住质量和生活质量的要求越来越高，地产开发的模式已悄然发生转变，而盘活集体建设用地，开发乡村闲置资源，发展以生态为主题的特色小镇，既是对国家乡村振兴计划的响应和支持，也为地产开发企业提供了另外一种产业方向和运营思路。2018年9月《国家发展改革委办公厅关于建立特色小镇和特色小城镇高质量发展机制的通知》中强调产业立镇，全面优化营商环境，引导企业扩大有效投资，发展特色小镇投资运营商，打造宜业、宜居、宜游的特色小镇和特色小城镇，培育供给侧小镇经济。因此，他将开发的视野放到"生态文化地产"，以文旅模式发展特色小镇，打造城市的"后花园"和城镇人的"第二居所"。

他在综合分析当地经济的基础上，结合国家相关政策，将特色文旅小镇的发展愿景定义为"城市旅游经济新引擎"，打造农、文、旅、居融合的近郊旅游产业循环链，形成村民、居民、游客和谐共生的独立小镇社会网络，发展5+2度假生活方式的郊区宜居新模式。为此，他带领团队亲自考察了国内外的著名特色小镇，如成都的国色天香旅游度假区、多利农庄，

时任哈尔滨市市委书记林铎视察达仁印象城城市综合体项目

美国的法兰克慕斯小镇，法国的科尔马小镇，意大利的伊曼纽尔画廊等。通过考察他认为发展特色文旅小镇，必须紧抓现代都市休闲旅游业和现代度假服务业两大产业核心，以提升小镇凝聚力为目标，探寻循环经济小镇产业融合之路。他

李国超荣获"黑龙江省劳动模范"

将特色文旅小镇产业构成分为四大集群、两大产业：四大集群为都市有机农业集群、都市旅游休闲集群、都市旅游研学集群、都市康养度假集群；两大产业为都市旅游服务业和都市度假服务业。他将特色文旅小镇的构成人群分为五大类：旅游客群、从业人员、度假人群、研学人群和创业人群。

他认为发展现代特色文旅小镇，走新形势化的地产开发模式，不仅能让企业获得长远发展，而且会驱动社会经济发展，融合城镇与农村文化，带动劳动力就业、优化城镇人的生活质量。

他说，不管是当医生悬壶济世，还是做企业助推社会发展，都需要不忘初心。在漫漫人生路上，战胜挫折、勇于实践、大胆创新，为了创造美好的明天，披上战衣，去思考、去感受、去行动，永不言倦。

哈工大的 EMBA 人　胡春生
HAGONGDA DE EMBA REN

HARBIN INSTITUTE OF TECHNOLOGY

胡春生，2014年毕业于哈尔滨工业大学管理学院EMBA，并获得工商管理硕士学位。2003年创办黑龙江昌隆科技开发有限责任公司并担任董事长，2015年整合行业资源成立黑龙江省昌隆投资管理集团有限公司并担任董事长，同年创办深圳子公司中大电子商务（深圳）有限公司并担任董事长。2013年5月被共青团黑龙江省委员会评为"黑龙江省青年五四奖章"获得者；同月被共青团道外区委员会评为"杰出创业青年"；2014年1月被哈尔滨市工商业联合会评为优秀执委；2015年1月被哈尔滨市精神文明建设指导委员会授予"第四届哈尔滨市诚实守信道德模范"；同年12月先后被黑龙江省文明办、哈尔滨市文明办评选入围"龙江好人榜"及"冰城好人榜"；哈尔滨市第十四届、第十五届人民代表大会代表；2018年2月被哈尔滨市公安局道外分局评为警风警纪监督员；同年9月被哈尔滨市香坊区人民政府评为"香坊区第五届劳动模范"。

不忘初心　砥砺前行
——记黑龙江昌隆科技开发有限公司董事长 胡春生

抓住机遇，敢为人先

2002年，胡春生结束了在安徽农业大学的学习生活，四年的大学生涯对他有着深远的影响，使他对自己的未来充满了无限的憧憬。他没有像大多数同学一样留在安徽发展，而是怀揣着梦想和希望来到中国改革的前沿阵地——深圳。通过在深圳兆山实业股份有限公司担任董事长助理期间的工作和学习，不断提升能力、丰富经验、开阔眼界，对实体行业和信息技术有了深入独到的见解。

正所谓，壮志与热情是伟业的辅翼。2003年下旬，作为黑龙江人的胡春生难忘白山黑水情，毅然放弃了在深圳的高薪工作，回到黑龙江创业，把深圳先进的技术和超前的思想带回家乡。当时黑龙江的数字电视还属于城域有线数字电视宽带双向网络建设，但胡春生非常看好数字电视的市场前景，于是他搭建团队、购买设备，在一个小型写字楼里创办了黑龙江昌隆科技开发有限责任公司。他带领公司骨干攻坚克难、设计方案、开拓市场，凭借着他们的创业激情和拼搏精神，仅花了半年多的时间，就承揽了数个千万级项目，这为胡春生的创业之路奠定了成功的基石。

提高自身水平，求真务实

随着广播电视领域的迅猛发展，作为团队带头人，胡春生认为，先进的技术是推动行业发展的必由之路。因此他充分学习国内外先进技术，借鉴外省先进案例，扩大提升技术团队，在数字电视行业深入钻研、求真务实。亲自下县乡了解老百姓的实际需求，调研各区域困难所在，投入大量资金，淘汰原有废旧基站，更新频点建设，从而解决因各城区原有地域问题所造成的信号覆盖弱等技术难题，为黑龙江地区数字电视的发展带来巨大的推动力。

广电项目的顺利开展，并没有让胡春生小富即安，广告增值服务的市场前景、电子商务的迅猛发展、智慧城市整体解决方案的需求、金融IT服务的机遇，都让这个极具商业敏感性的人迸发新的思路。很快公司内部成立多个项目组，团队不断扩大，根据业务需要在全国各地开办多家子公司。通过不断的探索和努力，多个项目接连有了新的订单，业务量连年攀升，目前已成为集团稳定的利润增长点。

新的机遇面临新的挑战，在业务做大做强的同时，胡春生认识到唯有不断学习才可与时俱进，修身立德方能屹立潮头。2010年，胡春生报名参加了哈尔滨工业大学2011年管理学院EMBA的课程。在这期间，他充分学习了企业管理方面的专业知识，同时也结识了很多优秀的企业家，对各行各业的机遇进行充分深入的探讨交流。多年后，胡春生经常评价那是一段工作生活中最为充实，也最为重要的时间。这段时期让他对企业管理有了更深层次的认识与理解，在知识与实践相结合的作用下，很多困难和问题迎刃而解。

在思想方面，胡春生更是自觉坚持不懈地学习党和政府的理论、路线、方针、政策，用科学的理论武装自己的头脑，提高思想政治素质，坚定不移地贯彻执行四项基本原则。在企业发展中，始终跟随政策指引和社会主义市场经济路线，遵章守纪，合法经营，积极参加社会性公益活动，时刻关注地方经济发展和民生问题。

成功往往并非一蹴而就，正是有了远大的目标与进取的思想，将系统理论的学习和个人实践相结合，做到理论指导实践，实践升华理论，从而不断积累他企业经营和管理方面的才干。同时，凭借对中国市场经济发展的领悟和新兴科技产业的高瞻远瞩，不断谋划和壮大企业发展。

带着机遇，走出去

韬光养晦方能厚积薄发，2015 年对胡春生来说是整合年，也是机遇与挑战并存的一年。2014 年下半年开始整合公司各方面资源，在 2015 年年初正式成立昌隆集团，发挥企业自身优势，坚定不移地走创新发展道路。凭借拼搏进取的精神，结合国家政策，在立足黑龙江本土的同时，不断拓宽自身眼界，吸引优秀人才。目前昌隆集团下设子公司分布哈尔滨、北京和深圳等地，集团员工超过 800 人，业务涉及科技开发、广播电视、家居电商、食材研发和金融投资等多行业领域。

2015 年 8 月 25 日昌隆集团与韩国 Pocket Mobile 公司关于哈尔滨综合保税区事业合作签约仪式在韩国首尔举行，VIK 投资公司、新世界集团、薇美铺、支付宝、易买得、IBK 企业银行等多家企业出席。哈尔滨市委常委、副市长刘奇见证了此次签约。

根据协议，昌隆集团将联合韩国 Pocket Mobile 企业在哈尔滨保税区注册信息科技公司。合资公司将依托韩国 Pocket Mobile 企业在韩国电子商务线下的资源，直接对接新世界集团、易买得、乐天、东大门、薇美铺、Aprilskin 化妆品企业、Jogunshop 男士时装企业、Sikin Hotplace 美食 O2O 企业、SOJUNG F.D. 电商企业、VIK 投资公司、IBK 企业银行、RF Vision 无线局域网企业等韩国知名企业，推动韩国商品企业进驻哈尔滨综合保税区，实现双向贸易投资可持续发展，增加本地税源、税收。同时，依托哈尔滨综合保税区，搭建韩国商品在全国的销售和流通渠道，争取更多的内

哈尔滨综合保税区事业合作签约仪式

陆城市进出口韩国货物向哈尔滨保税区汇集。

同年年底，在深圳市前海深港合作区正式成立中大电子商务（深圳）有限公司。中大电子商务公司的成立是胡春生的又一新思路，由于黑龙江地区受地域限制，人才外流、信息滞后，将子公司作为触手设在改革开放的前沿阵地，能够及时捕捉最新商业讯息与技术革新，从而带动黑龙江地区业务发展，这正与现如今国家提倡的深哈合作不谋而合。深圳子公司的成立，使胡春生对企业发展的思路更加开阔，在原有业务稳定的基础上，多角度拓宽行业发展，找到行业痛点并制订解决方案。

随着业务的逐渐稳定，2017年10月，胡春生远赴尼泊尔加德满都，与尼泊尔国家发展部部长亲切会晤。会晤期间就尼泊尔的智慧城市、卫星城市建设、光伏发电、文化旅游产业的建设等话题进行亲切交谈，并达成战略合作意向，其中对尼泊尔广播电视的建设进行深入探讨。胡春生带领他的团队，结合尼泊尔当地广播电视的发展现状制订了一套全方位技术解

胡春生与尼泊尔国家发展部部长会晤现场

决方案,得到了当地政府的一致好评。

不忘初心,砥砺前行

在走出去发展的同时,胡春生并没有忘记自己的初心,作为黑龙江人,他更心系龙江的发展与建设,他认为龙江的经济发展与每一个龙江人都密不可分,要找到龙江的特色,将龙江的特色名片打出去,将好的技术、资源吸引进来,才能从根本上带动龙江的经济。因此他带领团队,对龙江的特色产业进行了长达一年多的调研分析,最终选定龙江绿色有机食材板块,这个被全国人民所熟知但没有充分发挥价值的本土特色。

胡春生的团队根据国家及黑龙江省"乡村振兴战略""加快推进农业供给侧结构性改革"等整体战略部署及政策相关要求,结合黑龙江省食品产业的发展现状及制约因素，制定了一套完整的创新产业链模式。以黑龙江绿色食材研发推广体验中心和名厨之家餐饮服务平台（APP）为载体，以解决黑龙江农业发展和食品销售问题为己任，将龙江农林畜牧产品和绿色有机食品研发升级为绿色食材，利用广泛的厨师和餐饮机构资源，结合线上电子商务平台，配合烹饪教学和食材推介，将龙江绿色食材销往全国的餐饮酒店和千家万户，提高龙江食品的销量和附加经济价值。同时利用龙江绿色食材孵化新的餐饮品牌，使黑龙江成为全国餐饮连锁品牌的孵化和输出基地，实现产业升级，振兴龙江经济。

为此，胡春生经常往返深圳和哈尔滨的公司，亲自指导线上和线下的建设，与家人也是聚少离多，两个儿子都还很年幼，但是他却没有过多的时间给予陪伴。由于经常加班加点，身体状况也大不如从前，但是他经常说，能够为家乡贡献自己的力量，感到非常骄傲、非常有成就感，这也是一个龙江人的责任与使命。

也正是因为这样，胡春生公司的多个项目均被列为区重点项目，其中龙江食品产业振兴项目被列为哈尔滨市重点项目。作为哈尔滨市第十四届、十五届人大代表，胡春生在很多方面都严格要求自己，也充分认识到自己身上的责任和使命，积极参与谋划区域经济发展战略，积极提出建设性意见。就市区财政体制、区商业网点布局、社区物业服务格局、下岗再就业的社会化渠道、居民供热与饮水安全、创城工作、环境与保洁环卫工作、文明城区建设等经济社会问题提出20多条建议，与选民保持密切联系，为群众排忧解难，维护群众利益，使政府各项政策和决定更加符合人民的愿望。

在精准扶贫方面，胡春生结合昌隆科技原有广播电视网络业务板块，积极响应国家政策号召，将扶贫对象细化，确定了以农村贫困群体为对象，数字电视与电商平台相结合作为精准扶贫的抓手和媒介，以科教兴农与助农买卖为内容，切实做到扩大农村贫困劳动力再就业、增加贫困群体收入的精准扶贫。

在他看来，做企业也要饮水思源，财富取之于社会，就要用之于社会。2008年汶川地震，他带领员工捐款50余万元；玉树地震为灾区捐款捐物价值10余万元；2013年黑龙江省松花江段洪水猛增时期，组织员工为泰来县人民群众捐款捐物价值10余万元；2016年至今，为哈尔滨市多所小学联系免费普及3D打印智能教育，建立3D打印线下科普展览馆，为哈尔滨市小学生3D智能科普开辟新篇章；2003年以来，他资助多名贫困大学生完成学业，并为其在昌隆集团内部提供毕业实习机会；同时，昌隆集团工会在他的带领下，每年都组织员工到辖区内敬老院、爱心福利院做义工，为孤寡老人送温暖、献爱心。

近年来，胡春生积极服务青年就业，帮助下岗职工再就业。在五常、巴彦、佳木斯、鹤岗等地依托本公司广播电视网络业务设立分公司、驻地办公室，为政府解决城镇人口就业、下岗职工再就业和农村剩余劳动力转移做出了重要贡献，为缓解社会就业压力、增加城镇居民和农民收入、促进地方经济发展、构建和谐社会做出了积极的贡献。

在胡春生创业发展的十多年时间里，"不忘初心，砥砺前行"是他经常提到的名言。在哈工大学习的经历，更深深地影响着他对企业的管理方式，他经常激励员工，要敢于担当、勇于进取、勤于做事，实现自我价值。想要有长远的发展，就要时刻保持一颗求知务实的心，不断吸取力量、淬炼自身，要以哈工大校训为勉，"规格严格，功夫到家"。

杨季平

哈工大的 EMBA 人　HAGONGDA DE EMBA REN

　　杨季平，女，1970年出生，中共党员。2018年获得哈工大工商管理硕士学位。哈尔滨上洋包装制品有限公司董事长，兼任中国包装联合会理事、黑龙江省包装联合会副会长。先后荣获：南岗区五四奖章、国家科技部民营科技发展贡献奖、南岗区十大杰出青年。被哈尔滨市南岗区政府聘请为经济发展顾问，被哈尔滨市评选为第八批"有突出贡献中青年专家"，被特聘为哈尔滨市涉企行政执法特邀监督员、哈尔滨市食品药品监督管理员，被授予黑龙江省第四次非公经济人士优秀中国特色社会主义事业建设者等荣誉称号。

将梦想进行到底

——记哈尔滨上洋包装制品有限公司董事长 杨季平

2000年杨季平走上了自主创业的道路，在资金短缺、技术空白、人手有限的情况下，她顶着巨大的压力，凭着对事业的执着追求，创办了哈尔滨上洋包装制品有限公司。由于塑料复合软包装行业的专业性很强，为了快速地了解并掌握行业相关知识，她每天起早贪黑，边学习边摸索。无论是技术、生产还是一线销售，凡事都亲力亲为。

2011年，杨季平投资一亿元在哈尔滨市南岗区哈西工业园区兴建了哈尔滨上洋生物软包装产业基地建设项目，成为市委市政府重点关注的200个超亿项目之一。该项目占地面积3.2万平方米，一期建设面积1.3万平方米，建有符合国家一类药包材生产要求的GMP车间及现代化的食品包装生产车间，配有精密仪器实验室、微生物实验室、物理实验室三个标准化实验室。无论是检测设备数量还是产品检测能力，上洋包装均处东北三省塑料复合软包行业领先地位。为了突破产能瓶颈，公司先后引进了日本富士印刷机、日本富士复合机、意大利诺德美克无溶剂复合机等国际先进的生产设备。印刷年产能较项目投产前提升了近3倍，成品工序年产能较项目投产前提升了近6倍。目前，公司印刷设备全部可以完成在线检测，大大提高了印刷精度与印刷质量。该项目的建成使用，使上洋包装不仅在原有的塑料复合软包装生产加工能力上得到了大幅提升,更重要的是,企业在技术研发与创新方面有了历史性突破。企业先后与哈尔滨工业大学、哈尔滨商业大学建立了校企合作,拥有基于产学研合作的技术创新与新产品开发的平台和技术力量。

公司成立之初,杨季平就始终把产品品质放在企业发展的首要位置。为此,公司先

杨季平在国外交流会上演讲

后通过了ISO 9001质量管理体系认证和FSSC 22000食品安全管理体系认证。目前,上洋包装也是东北三省唯一一家通过FSSC 22000食品安全管理体系认证的塑料复合软包装企业。为了保证管理体系真正落地并有效运行,企业始终坚持"源头管理、工艺稳定、过程控制、产品安全"的食品安全方针,从供应商审核、原材料入厂检验、工艺设计、工艺固化等起始环节开始,就严格按照体系文件要求的各项标准化操作规程来执行,在过程检验、半成品管控环节更是加大了人力物力的投入。虽然按照体系要求进行企业管理会增大企业的管理成本,但是,杨季平深谙管理体系不落地会带来的更大质量风险。因此,在她的坚持下,上洋包装从上到下,每个人心中都

杨季平所获荣誉证书（部分）

树立了规则意识，这也使得企业产品品质能够不断提升，同时又能最大限度地保证产品的安全要求。

付出就会有收获，经过十几年的摸索与开拓，上洋包装现如今的销售额较成立之初翻了近 10 倍。杨季平也先后担任了中国包装联合会理事、黑龙江省中小企业协会理事、黑龙江省包装联合会副会长、黑龙江省工商联合会理事等职务，并获得了哈尔滨市南岗区"五四奖章"、"十大杰出青年"、科技部颁发的"民营科技发展贡献奖"等荣誉。自 2008 至 2010 年连续三年列席参加黑龙江省人民代表大会；2011 年当选为哈尔滨市第十四届人大代表；2012 年被评选为哈尔滨市第八批"有突出贡献中青年专家"，终生享受哈尔滨市政府特殊津贴；2013 年被授予黑龙江省第四次非公经济人士优秀中国特色社会主义事业建设者。

在发展企业的同时，杨季平不忘社会责任，她始终提倡和发扬"义利兼顾、德行并重、回馈社会"的精神，在企业效益不断增长的同时，主动承担社会责任。在"5·12"汶川特大地震中，企业领导与员工踊跃捐款；在社区建设上，企业了解到社区办公设施不完善的问题，为社区购置了办公设备，赢得了社区的好评；2011 年至今在哈尔滨商业大学轻工学院包装工程、印刷工程两个专业设立"上洋包装奖学金、助学金"，企业在奖励取得优异成绩的同学的同时，也为学院的特困生助力，帮助解决其生活、学习上的困难。2003年至今杨季平累计捐款捐物价值24.9万元，赢得了社会各界的一致好评。

随着社会的不断发展、市场竞争的日益激烈、行业变化的日新月异，创新模式各有千秋，现代化、前瞻性的企业管理理念和模式对企业的发展愈发重要。哈尔滨工业大学有着百年历史的底蕴，也见证了中国高等教育的发展，哈工大管理学院EMBA以"塑造企业家前瞻洞见，培养新型管理领袖"为使命，以"推动企业转型与创新"为目标的理念，深深地吸引了杨季平。为了更好地提升自己的管理能力，让企业在激烈的市场竞争中保持持久高速发展，她选择了攻读EMBA。

在两年多的学习过程中，通过上百个真实案例的分享与讨论，杨季平深刻体会到了"以史为鉴"的意义。通过对这些案例的深入分析与研究，可以洞悉系列事件的发展规律，并从中找到未来某些事物的发展趋势。这些案例中有成功的企业，也有失败的企业，然而无论是成功还是失败，这些企业的经历多多少少都有她自己企业的影子。也正是通过对这些案例的深入研究，她才能够以史为鉴，避免在日后的企业经营中犯类似的错误，少走弯路。通过对企业战略的学习，杨季平对企业战略的重要作用有了更进一步的理解。她转变了原有对企业管理活动重点工作的认识，了解到制定战略和实施战略才是企业管理的重点。在学习期间，杨季平针对自身企业的实际情况，利用SWOT原理深入分析了企业内外部环境以及企业自身的优、劣势和面临的机遇与威胁；又结合行业特点及行业发展趋势，制订了上洋包装未来五年的企业发展战略规划；明确提出了企业未来五年的发展目标，指出了企业未来五年的发展方向，坚定了发展海外市场的决心。在企业战略规划落地实施的两年来，上洋包装整体的经营情况得到了大幅提升，业绩指标年平均增速均在 30% 以上。这一切良好改善，都得益于 EMBA 的学习收获。杨季平在学习了丰富的知识之外，更加被授课老师严谨的治学态度和厚德笃学的职业素养所深深影响，她深刻地理解了"厚德励志、笃学敦行"的意义。

今天的上洋在杨季平的带领下已在食品、乳品、医药、农业、卫生、化工等行业占领了较大的市场份额，成为东北地区最大的塑料复合软包装生产企业之一。

杨季平，一个锐意进取的女企业家，用自己的言行赢得了员工，赢得了群众，更赢得了事业。

哈工大的 EMBA 人

徐润花
HAGONGDA DE EMBA REN

HARBIN INSTITUTE OF TECHNOLOGY

  徐润花，1983—1986年就读于哈尔滨广播电视大学企业管理经济类专业；2006年考取AFP金融理财规划师资格认证证书；2009年7月，于清华大学经济管理学院进修，参加总裁研修系列课程学习；2014—2015年，在哈尔滨工业大学管理学院举办的工信部中小企业经营管理领军人才高级研修班进修学习；2019年获得哈工大工商管理硕士学位。1981—1995年，在阿城继电器股份有限公司工作，担任会计；1995年，进入韩国独资企业，担任财务总监；2003年创立了哈尔滨新世通电器有限公司并担任董事长。目前兼任黑龙江省科技创新协会副会长、黑龙江省女创业者协会副会长等社会职务。2013年至今每年都参加扶贫行动；2015年获阿城区"纳税明星"光荣称号；2016年获科技创新个人奖；2018年荣获黑龙江省巾帼建功标兵，同年获得黑龙江省妇女联合会发展部黑龙江省女创业者协会授予的"全省巾帼扶贫行动"、"百强带百小"、全省妇女创业创新"创业导师"等荣誉称号。

新时代龙江巾帼企业家

——记哈尔滨新世通电器有限公司董事长徐润花

"热爱学习，把好的企业管理理念带到企业，学以致用；真诚待人，着力为客户服务，构建诚信关系；运筹帷幄，让企业在水利、电力行业中，发展得更壮大；不断创新，使企业稳步立足市场，不被用户所遗弃，让企业取得长足的发展；懂得感恩，支持公益慈善事业，同时也在为'建设和谐社会'贡献自己的一份力量。"这就是社会各界对徐润花的一致评价，她是哈尔滨新世通电器有限公司的负责人，黑龙江的女企业家。

运筹帷幄　用品牌撬动市场

哈尔滨新世通电器有限公司成立于2003年，21世纪初，国民经济快速发展，经济建设的步伐也随之加快，尤其是基础设施和电力能源水利投入的加大，电气成套开关设备行业开始有了转机，市场需求量逐年增大。"加大企业品牌研发的力度，是撬动市场的关键，更是企业发展的唯一道路。"徐润花坚定地说，同时，企业的长足发展及壮大也验证了她的决定。

2003年，新世通在徐润花的带领下，被认定为黑龙江省软件企业。世通DS-2000电机试验监控系统软件V6.0、世通PZD智能电站直流电源监控软件V3.0、世通DSAS-2000水电站泵站监控系统软件V2.0等产品获得软件产品登记证书,同时通过了黑龙江省电子信息产品监督检验院评测检验。

经过不懈的努力,2004年新世通研发的PZD 2000微机控制高频直流电源获得科学技术与信息产业局年度科技进步二等奖,企业通过了ISO 9001国际质量体系认证证书;2006年企业成为黑龙江省高低压电器及装置专业委员会团体会员理事单位;2009年微机控制直流电源屏通过了国家继电器质量监督检验中心审查并获得合格证书;2012年获承装(修、试)电力设施许可证。

特别是在2013年,新世通又通过了ISO 14001环境管理体系认证、GB/T 28001职业健康安全管理体系认证、3C低压产品认证以及荣获国家级高新技术企业证书、AAA级信用等级证书;2014年至2019年,企业荣获各项专利证书23项、计算机软件著作权证书6项、机械工业产品准产证书4项、高压开关质量合格证书4项。

这些荣誉是企业发展的鉴证,也是社会各界对新世通的认可,更验证

哈尔滨新世通电器有限公司办公楼

综合自动化设备

着企业负责人独到的眼光、超凡的能力和坚定的信心。

"企业与企业之间的较量,主要是综合产品与质量实力的较量,企业的振兴靠科技、靠人才,更要靠高附加值的企业品牌。没有品牌的企业是没有希望没有发展的。"在徐润花看来,新世通的市场占有率不是最高的,但是企业的发展空间十足,且信誉好,有良好的客户合作关系。而最重要的是,"新世通"品牌正逐渐地为人们所认知、所认可、所信赖。

从企业创立以来,在徐润花的带领下,新世通公司坚持走建设品牌创新发展、打造高科技产品的发展之路,经过16年来的艰苦奋斗,成就了企业今日的成绩。徐润花认为:"品牌是现代企业生存的基础,一个成熟的品牌代表着一个企业的形象,现代企业依靠它们各自的品牌来实现自己的成功之梦。"

徐润花在接受记者采访时说,在企业经营中她深有感触,以前做积累资本,不管产品做得对不对、达不达标,只要能够卖出去就行了。如今这种原始的积累资本的方式和阶段早已成为过去。

"现在几乎所有的企业都在谈质量、谈品牌,企业只有做出自己的品牌,不断地创新、不断地改进,才不会被市场所淘汰、不会被用户所遗弃,才能取得长足的发展。"提及企业未来的发展,她目光坚定,道出了自己的心得,同时,也希望各个企业的老板都能注重这个关键点,应对瞬息万变的市场环境。

准确定位 用诚信感动客户

企业16年来的成长与发展,对于徐润花而言,充满了机遇与挑战,随着水利、电力市场竞争的进一步加剧,企业的发展也面临着前所未有的困难。

如何正确认识企业在发展中遇到的问题,并针对这些问题提出解决方案,企业领导者有着十分重要的责任。如何制定企业发展方向,如何能在众多水利、电力企业中取长补短,在激烈的市场竞争中突出重围,"首先要带领企业专业人员研发具有企业自主知识产权的高科技产品,其次要完善技术服务,满足用户的要求。"徐润花准确定位出企业的发展方向。

高频直流电源屏

企业给出定位,通过市场考察,研发技术人员共同努力终于研发出世通PZD智能电站直流电源监控软件及直流电源配套等产品,企业由此订货

电力系统综合自动化

徐润花参加黑龙江省科技创新协会年会并为副会长单位授牌

量大增,为国网提供了满足市场需求的直流电源产品,给企业在水利、电力行业市场争取到一席位置。

徐润花没有满足于取得的小成绩,开始着手成立研发部门,增加企业研发资金投入,高薪聘用研发科技人员,与各大院校合作。目前企业主要的产品有:变电站、水电站、泵站综合自动化系统,高频直流电源系统、高低压配电柜、系统集成、监控软件开发、电力输配电设备成套及安装、机电一体化等。

随着全国电力、城镇农田水利的发展,要求产品能满足智能控制需要,信息和数字化技术融合。作为新时代的企业家,必须紧紧抓住诸多发展机遇,顺应时代要求靠创新驱动,加快产品转型与升级。在徐润花的带领下,新世通逐步走向标准化、国际化,迈向智能制造,先后与政府、央企、民营企业等签约多次重大项目,并与国际电气品牌合作。

16年的打磨,16年的心血倾注,新世通稳扎稳打地从一个小公司成长为一家现代化规模的企业。其发展的背后,是她在企业创办之初就提出了遵循"科技领先,打造精品,科学管理,以质取胜,顾客至上,持续改进"的质量方针。"电力、水利行业未来的发展方向就是要做'精'市场,

黑龙江省科技创新联盟成立

着力为客户服务，构建诚信关系。企业不断提高产品质量，不断地为广大客户提供最优质的服务。"徐润花说。

徐润花在经营中常提道："办企业和做人一样，要讲诚信、守承诺，真诚待人。"多年以来，她也是这样做的，因此感动了很多客户，并与之建立起了长期固定的合作关系。

结缘工大　用理念经营企业

提及步入哈工大校园，徐润花有着自己的心得。"我应该是当时哈工大年龄最大的学生了。"徐润花笑着说，也露出了自信的一面。

她是2013年参加了由省工信部举办的中小企业经营管理领军人才高级研修班的学习时，才意识到知识的力量是无穷的。"在那之前，意识还是不够啊！"说到这件事时，她略显羞涩。于是，2014年她正式进入哈工大经济管理学院EMBA开始了新的学习生活。

在徐润花心中，能结缘哈工大攻读EMBA学位，是一次难忘的求学经历。能成为哈工大的一名学生，在百忙的工作中抽出时间读书学习，对于已经50多岁的她来说，是非常值得珍惜而又难得的学习机会，她为自己制订规划，要以百折不挠的精神投入学习与企业管理中。

在课堂上，老师用真知灼见燃起了她对知识的渴望，耐心又细致地为她在学习上指点迷津，对她提出的企业问题进行专业解答与分析；在课堂下，她和学弟学妹们交流关于企业管理的经验，更让她打开思路、受益匪浅。"进入哈工大学习的同学大都是70、80、90后的企业精英，和年轻人在一起学习我感觉比较吃力，但我不会气馁和放弃，这是来之不易的学习机会。"徐润花说。

黑龙江省科技厅建立科技创新联盟签约仪式

所有同学在提起徐润花时都有着共同的看法："她总是虚心向学弟和学妹们请教，和大家共同探讨交流，并且从不吝啬分享自己的实战经验。"两年多的求学生涯，徐润花渐渐明晰如何管理好企业，并学以致用将好的理念带入企业，让企业有了长足发展的动能。

这就是徐润花，一个对学习永远充满热情的企业家。在哈工大 EMBA 的求学阶段中，不断汲取知识、拓宽视野，将理论知识与实际管理相结合，为企业制订未来发展规划，改变企业原有的刻板化、局限化，以及陈旧的管理模式，通过学到的新的管理技巧和方法，做到与时俱进，让企业不断发展壮大。

双重担子　用魅力感动家人

作为女企业家，徐润花在创业过程中要同时肩负着事业与家庭的双重担子，相对而言要付出更多的努力与精力。

"要管理好家庭，更要管理好企业，她的责任使然和人格魅力展示在生活和工作的每一处。在她的心中，企业的每位员工都是她的家人。"徐润花的家人和员工有着共同的心声。

在新世通公司，有 50% 以上的员工都是老员工，在她的带领下共同携手走过艰难，风雨同济、不离不弃。"他们都是新世通的好员工、我的家人，对于他们每一个人我都心存感激。"徐润花说，"企业的成长离不开他们的努力与付出，他们是伙伴，是战友，是企业前行不可或缺的中坚力量。"

如果说那些老员工的坚守是一种支持，那么，在新世通刚起步时，那些给她机会、给她订单的朋友传递的无限信任更是一种扶持。也正是因为这样，徐润花从不懈怠，为了回馈员工、回馈客户，多年来新世通一直信守着"诚信、真诚、务实、创新"的精神,并践行于点滴。

徐润花坚信:"做好企业,就必须懂得回馈与感恩,承诺是需要兑现的。凡是影响到企业信誉的事,即使是亏本赔偿,也要对客户负责。"

她的生活经历使她形成了自己的价值观、领导风格以及特有的能力和素质,显示出了无可比拟的人格魅力。她运用"新思维、新理念、新的管理模式"不断调整管理、运筹帷幄,力争企业在水利、电力行业中进一步发扬光大。

目前,新世通与哈工大、哈理工等高等院校长期进行产品技术研发与合作,用新技术创新的科技领先产品占领水利、电力市场。其产品已进入黑龙江省、吉林省、辽宁省、河南省、四川省、福建省以及东南亚老挝等地区市场。

"不管身上有几重担子,我都会继续开拓市场,踏踏实实、不断创新,为企业及社会创造更多的价值,为水利、电力事业的发展做出贡献。"徐润花坚定地说。

心怀感恩 用热心服务社会

徐润花认为,管理企业要重视树立企业在整个社会、在广大消费者心目中的形象,不贪图眼前的暂时利益,要自觉地把个人的事业、企业的发展和社会的需要统一起来。

"要热心公益、服务社会,坚持正确处理各方面的利益关系,在维护和增加集体、个人利益的同时,按时、足额上缴利税,履行自己对国家的责任和义务。"徐润花说,这是她的义务,也是为社会该做的贡献。

在工作之余,她还组织企业员工培训专业技能,组织参加企业的篮球比赛、保龄球比赛、乒乓球比赛。她认为,增强员工团队合作精神,注重

公司首台套产品参展哈洽会

员工的企业道德和价值观,激发他们的工作热情,这样才能更好地为社会服务。

她始终坚信,要树立正确的价值观,形成正确的社会责任感,把企业的发展与社会联系起来,使自己的目标符合社会发展和公众的根本利益。"把服务社会作为自己的奋斗目标,在此前提下,才会更好地实现个人事业的最大价值。"她带领职工积极参与社会公益事业,每年都组织支援灾区的募捐活动。在捐款活动中她慷慨解囊,踊跃献爱心。她为贫困学生募捐助学,过年时买年货去慰问退休老职工,还多次参加政府协会组织的各类捐赠活动,为灾区人民奉献自己的绵薄之力。

她说:"社会生活是一个整体,各行各业的每个人所从事的工作,对整个社会生活来说,都是不可缺少的。我们每个人都能在自己平凡的岗位上,对社会的发展产生积极的作用。没有社会的整体强大，个体的利益、个性的发展也会受到限制。"

她通过自己的实践和努力、自己的感悟和认识，正在承担起促进经济社会发展、倡导人际诚信友爱、坚持人人遵纪守法、支持公益慈善事业、保持社会安定有序的社会责任，同时也在为建设和谐社会贡献自己的一份力量。

这就是徐润花，一个热爱学习，有着双重担子，有着公益热心，有着社会责任，有着独特魅力的当代女企业家。

哈工大的 EMBA 人
苗树伟
HAGONGDA DE EMBA REN

　　苗树伟，中共党员，哈尔滨金融高等专科学校金融专业毕业，西南财经大学金融学学士、哈尔滨师范大学汉语言文学学士，哈尔滨工业大学金融会计学硕士，在职研究生学历，经济师。2017年获得哈工大工商管理硕士学位。历任中国农业银行哈尔滨市道里支行柜员、中国农业银行哈尔滨市道里支行客户经理部副经理、中国农业银行哈尔滨市道里支行透笼第一分理处主任、哈尔滨城郊信用合作联社大安信用社主任、哈尔滨城郊信用合作联社工程信用社主任、哈尔滨城郊信用合作联社清收办主任、哈尔滨城郊信用合作联社信贷部部长、哈尔滨城郊信用合作联社副主任，现任哈尔滨农村商业银行股份有限公司副行长。对金融和会计行业都有深入的学习和研究，是学术型的金融实干家。

壮志满怀　追梦始终
——记哈尔滨农村商业银行股份有限公司副行长 苗树伟

缘起于农，激发回报之心

70后的苗树伟，出生在黑龙江省齐齐哈尔市依安县的农村，对黑土地充满了深深的眷恋。农闲时安心读书，农忙时田间劳作，干农活、做家务与读书学习这种简单甚至单调的生活一直伴随着他迎接高考。

填报志愿时他义无反顾地选择了金融专业。心系家乡、年少单纯的他以为振兴农村就是人民富裕，人民富裕就必然需要金融专业人才来维系。在那个大学生在小县城仍是凤毛麟角的年代，他通过刻苦努力让自己骄傲地迈入了大学校园。

离别家乡、踏入省城，他的生活掀开了新的一页，怀揣着父辈们、兄弟姐妹们的期盼，他信心满满地投入大学生活，去汲取知识、去展示自我、去追逐梦想。

坚定信念，铭记不忘初心

大学的生活是简单、短暂而又丰富多彩的。他凭借自身过硬的综合素质，从班干部、团支书直至担任学生会主席，他用优异的成绩回馈家乡人民的培养和家人的期望，通过提高沟通、交流、协调能力不断加强对自己的历练。

从小县城走到省会、从农民家的孩子到大学学生会主席，同学们对他既刮目相看又暗自佩服，而他仍在坚持自己的梦想继续奋进、不卑不亢，用实际行动去印证自己的座右铭"唯用心，事必成"。

大学的学习生活让他开阔了视野、增长了见识，也让他知道填报志愿的初衷有些稚嫩，稍显天真的想法无法对抗现实的沉重。他开始思考实现梦想的途径和方法，再次沉下心来审视自己，是继续激情澎湃，为步入社会准备周全；还是坚定信念，朝着理想迈出哪怕一小步。为了得到答案，他思考过、请教过、犹豫过，在不断的自我否定中，他选择了一条不忘初心又实现抱负的道路，并告诉自己坚定地走下去。

厚积薄发，坚定进取之心

中国农业银行作为他人生职场的第一站，有着非凡的意义。毕业之前，身为学生干部又品学兼优的他，在众多的金融机构中毫不犹豫地选择了农业银行，原因很单纯，因为当时这家银行的主要服务群体是农民，主要服务对象是"三农"。步入工作岗位，他从一名前台柜员做起，充分利用老员工的"传帮带"，埋头苦干，用最快的速度弥补了理论知识在实际应用上的不足，并迅速在单位崭露头角。面对领导的肯定和同事们的认可，他不骄不躁，继续保持对老前辈的尊重，继续有苦活累活抢着干，继续汲取着社会知识。"越努力越幸运"，变得优秀、受到表彰，走上领导岗位，他的升迁之路，源于在顺风顺水的表面下隐藏着一颗不断奋进、持续拼搏、不屈不挠的上进之心。

2005年，他正式走上农业银行基层经营单位的负责人的岗位。他的管理能力、营销能力得到充分的体现。在他的带领下，中国农业银行哈尔滨市道里支行透笼第一分理处存款有了大幅提升，各项经营指标持续向好，管理逐步规范。干部员工上下一心将支行逐渐打造成辖区内的标杆支行、先进支行，领导们大加赞赏、员工们心悦诚服、积极拥护。在上台领奖的那一刻，他的心情无比舒畅，领导们的笑容让他无比欣慰，员工们的笑容让他更加坚定，坚定地背负起领导的嘱托和员工的期望继续拼搏，继续应对更加激烈的竞争和挑战。

锐意进取，昂扬奋进之心

2006年，由于在农行表现出色，他被哈尔滨城郊农村信用合作联社以人才引进战略方式点名录入。他毅然决然地选择了更接地气、更加亲切的农村信用社。进入哈尔滨城郊联社后，他立即被委任为大安信用社主任。当时的大安信用社人心涣散，员工构成复杂，服务意识薄弱，几近亏损。面对陌生的体制、陌生的员工、陌生的客户，背负着领导们的重托，他撸起袖子投身业务发展中，拉存款、放贷款、收不良、开源节流。在他的计划中，第一步需要展示出一名基层信用社管理者应当具备的素质，吸收存款难，他自己几乎承担了整个信用社揽储任务；投放贷款难，他凭借一己之力用半年时间完成全年任务；清收不良贷款难，他带头走到清收第一线，摸情况、定策略。短短一年时间，大安信用社辖内排名扶摇直上，名列前茅，创造了当年上任当年扭亏为盈的佳话。在大安信用社任职的五年，他连续完成存贷款任务，信用社等级由最末尾七级，晋升到二级。

在适应了农村信用社的工作强度和环境后，他又重拾书本，深入理解信贷政策，结合实际工作总结清收经验，复习内勤账目和科目，精细利润指标预算等，使自身的实际工作水平与理论知识相适应，充分利用理论知识的前瞻性指导来预判实际工作中可能出现的问题。在大安信用社工作的那段时间是他飞速成长的关键阶段，逐渐成形的经营理念、逐步明晰的发展思路、切实可行的发展目标以及不断完善的社会资源都为他以后的发展奠定了坚实的基础。大安信用社由门可罗雀到门庭若市，这其中倾注了他太多的心血和激情，以至于因岗位交流规定，他轮换到

苗树伟部署总行条线工作

工程信用社任主任时，员工们眼中闪烁的泪光、紧握的双拳和不舍的眼神，都说明了他带给大安信用社的不仅仅是各项业务水平的大幅提升，更多的是将自己的人格魅力印在了员工心里，将全身心投入工作的热情留在了这里，同时交给了联社党委一份满意的答卷。

攻坚克难，树立必胜之心

工程信用社成立时间长、历史包袱重且成因复杂，交流之后他将大部分精力用在不良贷款清收上。一方面压降不良贷款、逾期贷款，控制住当年到期贷款回收率；另一方面，钻研核销、置换等表外不良贷款，并寻求公安机关的积极配合，一年之后收效显著，核销、置换贷款大幅压降，存贷款规模双升，全辖内整体工作业绩和单项工作成绩屈指可数。

在工程信用社工作一年有余后，鉴于他在清收工作中的优异表现，同时为了农村商业银行改制减轻包袱，联社党委将他借调到机关，牵头成立联社清收办公室并任主任，主抓全辖不良贷款清收工作，保证改制前大幅压降表内不良贷款。他带领他的团队深入一线调研，逐笔分析成因，带头沟通协调，加强督导推进，制定和梳理了一系列清收制度和办法，其中部

分政策极具前瞻性,直至现阶段仍具有借鉴和指导意义。清收办成立仅半年不良贷款压降工作就实现了突破性进展,为哈尔滨城郊联社改制哈尔滨农村商业银行做出了突出的贡献,在改制画卷中留下了浓重的一笔。

2014年,联社机关中层调整,党委决定将他调至信贷管理部任负责人并协管清收办,给予他更加广阔的平台去展示才华。信贷管理部作为信贷业务的主要管理部门,承担着放、收两端的重要职责,在当时中间业务收入比较低的年代,绝大部分的营业收入均出自贷款收息,放得出去、收得回来是保证全年利润的关键。他在信贷管理部首先研究确立进一步扩大主打品牌"一证通"贷款的影响力,这个产品经过前些年的实行已被客户所认可,在支持小微企业、个体工商户方面效果尤为突出,但从整体上讲,"一证通"贷款的社会认知度和认可度仍较理想差距较大。为改善这一局面,他力推在全辖范围内持续开展"一证通"贷款宣传活动并收效显著。"一证通"贷款品牌荣获中国银行业协会评出的"全国十佳创新产品"称号。

苗树伟在总行季度存款工作会议中发表讲话

同时，他增加调研次数、扩大调研广度，积极解决基层遇到的问题，给出合理化建议，联合法院、公安局等职能部门打击老赖，为农商行成立前信贷工作平稳过渡做出了巨大贡献。

牢记使命，坚守求知之心

凭借在信贷管理部和改制中的付出和贡献，他参与了黑龙江省联社组织的地市一级班子成员竞聘。凭借着多年来丰富的工作经验、对信合工作的深入认识以及保持着良好的学习习惯，他在众多竞聘者中脱颖而出，得到考核组的一致认可后，被任命为哈尔滨城郊农村信用合作联社党委成员、副主任。

哈尔滨农村商业银行成立后，他被董事会聘任为哈尔滨农村商业银行副行长，主抓信贷管理、资产保全、电子银行渠道等业务部门，承担着全行利润指标完成与否的重要职责。这些需要他站在更高的层面去思考如何发展、服务、竞争，去度量质与量、效益与规模之间的关系与得失，以及如何在宏观经济下滑的趋势下保持稳中求进，如何提升一家新银行在同业间的核心竞争力和如何破解业务拓展瓶颈，实现跨越式发展。这些问题使他产生了困惑，也明确地感受到自身的知识面、视野、大局观已不能够满足工作需要。继续深造，多渠道求学问路已势在必行。

他经过慎重考虑报考了享誉国内的哈尔滨工业大学 EMBA，主攻金融会计学，期望通过聆听老师的见解和与同学们的交流帮助自己打破原有的思维桎梏，以一种全新的视角去审视自己的不足、去分析银行业发展的趋势。EMBA 课程安排丰富多彩，政府高层领导、成功企业家、专家教授的观点和想法让他耳目一新，传道、受业、解惑一应俱全，崭新的视角和独到的观点与固有思维的激烈碰撞，让他渐渐看清了一条发展之路，与各界精英

的交流印证更让他坚定了自己的信念。

他认为银行业在发展过程遇到瓶颈是必然现象，将固有思想和观念全部推翻必然震动银行根基，突破与维持之间、特色与创新之间尺度的把握是关键。他总结为"六并重"，即个体与团队并重、形式与实质并重、奖励与考核并重、降级与升迁并重、权力与担当并重、文化与理念并重。例如，既要看到个体强大的榜样作用，也要注重团队凝聚力的发展空间；既要维系几十年来保留的文化底蕴，也要为其注入新的内涵；既要丰富基层宣传手段，也要注重营销理念的培养等。

而农商行提供给他想法落地的土壤，为适应新的发展形势、应对新的挑战，哈尔滨农商行机关部室进行了调整，他管辖的部室变成了个人及小微金融部、公司业务部、三农及机构业务部，管理的条线业务遍及三农、个人、中小微企业及机构类客户的存贷款业务。新的部门成立后，他紧紧围绕发展、竞争、创新，向所管部室下任务、出题目。在他的推动下，各类形式的厅堂文化得以开展，多角度的员工营销课程得以延续，支持小微的普惠金融得以落地，各条线的创新产品大量储备，在总行党委支农、支小、支散的经营理念指导下，全辖存、贷款稳定发展，年平均增幅近10%。

哈尔滨农商银行成立以来，在哈尔滨市知名度迅速扩大，市场占有率稳步上升，客户认可度和服务能力大力提升，农村金融的主力军位置不可动摇，是支持小微企业和实体经济的落实者和推动力。这些成绩承载着他的梦想、他的汗水、他的激情、他的心路历程，包含着他跨越式发展农村金融的信心和决心，将毕生精力致力于农村金融的勇气和毅力。

哈工大的 EMBA 人　张　悦
HAGONGDA DE EMBA REN

　　张悦，毕业于哈尔滨师范大学计算机科学技术专业，2014 年考入哈尔滨工业大学攻读 EMBA，2018 年考入复旦大学攻读 EMBA，2019 年获得哈工大工商管理硕士学位。现任黑龙江省和粮农业集团总裁。

创新升级农业全产业链

——记黑龙江省和粮农业有限公司总经理 张悦

从一个小作坊,到集种植、生产、销售为一体的产业化企业,资产总额增长206倍;从顶着严寒凌晨随车收购粮食,到现在供应商按时按需派车送粮;从到南方各大粮食集散市场用自喷漆喷粮食交易广告,到现在运用自媒体、阿里巴巴等网络渠道宣传推广;从一人拿着记事本一笔笔书写交易明细,到现在拥有200多人的专业运营团队。这是张悦和她的团队用十年历程,打造出的经典创业蓝本。

十年耕耘,让青春绽芳华

张悦出生于普通的农民家庭,父母从事粮食种植生产经营已近三十年,从小在农村长大的她,对于粮食、对于农作物有着一份情怀。

张悦2008年毕业于哈尔滨师范大学,2010年加入父母的家族企业——黑龙江省和粮农业有限公司。

她从总经理助理做起,学习企业的农业产业链,种植、加工、包装、销售、管理等各个环节。"因为农业是传统行业,需要很长时间的积累和经验,需要沉下心来去做事。从田间种植到车间生产,再到每一粒米的品种品质以及市场价格的分析,都需要花时间刻苦钻研学习。"张悦说,成功源于从小受到父母的影响，体现着对农产品深深的情感。

童年的经历让她了解，农产品的品质一定是从种植开始的。张悦认为："做实业一定要把好质量关，从种得好做到卖得好。从田间地头开始学起，从育种到种植的每一个环节，都不能出任何差错。"

张悦介绍，公司的产业链从十年前只有几个品种的米，到现在已经做到了八家种植合作社，其中包括五常大米最好的产区民乐和龙凤山产区的稻花香大米，方正长粒香大米，三肇地区的小米，双城的红豆、绿豆、黄豆、糯米、黑米等二十种龙江特产杂粮，以及木耳、蘑菇、蜂蜜等绿色山产品。

经过三年的技术研发，和粮农业研制生产了笨榨大豆油、稻米油、杂粮粉、比例均衡的营养粥米。满足市场对健康和小包装产品吃得少更要吃得好的需求，同时也把龙江特色的农产品带到全国千家万户。

和粮农业荣获"农业产业化国家级龙头企业"殊荣

谈起这些年的历程,她目光坚定:"那时,望着一车车粮食无处销售的窘境我至今都记忆犹新。因年龄小、经验少,这一路走来经历了很多的酸甜苦辣,也让我有着与众不同的成长经历。"

时至今日,回看一路走来的风雨历程,这些记忆成为张悦人生路上宝贵的经验财富。通过学习、积累、沉淀的过程,她在十年后绽放出了属于自己的芳华。

引领发展,用品质吸引消费者

黑龙江的黑土地是世界上仅有的三大块寒地黑土之一,更是水稻的黄金产地。和粮农业在五常、双城、方正、依兰、建三江等优质水稻、杂粮的生长地区,拥有17.3万亩农产品的种植基地,真正地做到源头管控、全产业链发展布局。

深入种植一线考察

和粮农业集团办公楼

和粮农业作为中国东北品牌大米,是中国大米加工50强、黑龙江省农业产业化龙头企业,是集培育、种植、加工、销售为一体的黑龙江农业全产业链民营企业领军者。

10年来不断整合资源、优化创新,布局"互联网+"农业大数据战略,线上借助"互联网+"行业的东风,打造"溢小妹"IP形象,开通包括天猫超市、京东超市、苏宁易购等20余家电商自营平台。

线下借助和粮好客全国绿色有机农产品加盟连锁店作为地方和粮云仓储,最快可达到45分钟配货到家的服务。产品销量几度战略跨越式提升,线上线下销售取得巨大成绩。

张悦表示:"企业的信誉是发展的核心力量,多年来企业紧紧地围绕着'以诚取信,以信立誉'的发展精神,精益求精把品质做好、把科研做好。经过深加工,把农户种的粮食,通过和粮农业渠道卖个好价格,带动整条产业链的发展。"

"用诚实守信开放的态度,把我们产品的品质做得更好。别人能做到的,我们一定能做到;别人做不到的,我们尽全力去做到,把更好更安全的产品带给更多的消费者。"对于企业的经营发展,张悦有着自己独到的体会。

和粮生产车间

创新模式,让优质产品走出去

2014年张悦进入哈尔滨工业大学管理学院EMBA学习管理。"将管理学科的理念很好地与传统企业相结合,使企业管理和公司战略营销管理应用到企业中,让企业有了全新的发展方向。"张悦表示,结缘哈工大,是企业创新发展的一个标志性里程碑。

2014年,在进入哈工大EMBA学习后,企业抢抓互联网机遇,组建电商团队,先后入驻了淘宝、天猫、苏宁、京东等八大电商的主力销售平台,又与百余家第三方运营平台签订了合作协议。

"通过这些平台,互联网将和粮产品迅速传递给更多的消费者。2017年,公司将"互联网+"农业电商技能升级,满足公司线上销售快速高效的同时,孵化电子商务运营经营,并且承接电子商务代运营业务。公司线上销售飞速发展，全年销售额达 1.4 亿元。"张悦自豪地说，"目前，我们在天猫旗舰店粮油类目排名第五，京东旗舰店粮油类目排名第二。"

2018 年，和粮农业进一步释放与整合自身资源，正式启动了云仓储基地建设。从此，不懂互联网的农民想在网上卖粮，只需把原粮运到云仓储平台，由平台对接淘宝、京东等电商巨头，平台完成产品储存、包装、网上营销、配送等一条龙服务。由于规模效应，入驻企业农产品的物流成本平均每公斤至少降低 1 元。

经过团队坚持不懈的努力，和粮农业翻开了崭新的一页。在重新规划后，企业走上了种植优质绿色有机稻米、杂粮，生产小包装精品米的销售路线。据统计，和粮农业已成型的自动化生产线共计 19 条，通过自建合作社、订单合作等方式还带动农户 600 多户，户年均增收 2 万元。企业先后获得了中国大米加工 50 强企业、黑龙江省农业产业化龙头企业、黑龙江省好粮油加工企业、第十五届中国国际农产品交易大会金奖等荣誉。

创新升级，建中国绿色"大厨房"

"中国粮食，中国饭碗"道出了国家对农业人的殷切嘱托。敏锐的感知，让张悦捕捉到了其中更加深刻的意义。

黑龙江省作为全国第一产粮大省，无论在粮食产能、粮食提质，还是

和粮大粮仓

在三产融合上都任重道远。作为一家民营企业，和粮农业正以奋斗的姿态，"扛起任务、直面挑战"，并用实际行动诠释企业对这八个字的深刻领悟。

张悦说："作为企业要把好质量关，提升农产品从种植端到研发到生产加工再到销售整个一二三产的产业链，让农民增收、农产品增产、整条产业链增效，这是和粮农业的使命。"

张悦经常带领市场部和销售部员工深入田间，学习了解全部产品的种植过程和技术，努力实现终端客户需求，打造真正有机的小产区大米和杂粮。让耕种者富裕，让消费者满意。十几年来，企业不断增加土地种植面积，统一管理种子，精细化种植，更是得到了经销商和消费者的好评。

作为龙江农业龙头企业的传承人，张悦坚信，只要把创新抓好、把技术攻关做好、把产品质量做好，民营企业就会充满竞争力，而且还能带动更多农民、更多妇女姐妹一同致富，实现自身价值，创造更多的可能。

"铭记总书记'中国人的饭碗要端在自己手里，而且要装自己的粮食'的殷殷嘱托，在建设好中国'大厨房'，让百姓吃上有机粮的道路上，逐梦前行，不负芳华！"张悦铿锵有力地道出了自己的心声。

使命在肩，初心如磐。张悦，这位农业领域的传承者，她引领农业生产销售最前沿，建立了"互联网+农民+合作社+仓储+生产+消费者"的生产经营模式与一物一码农产品绿色安全追溯系统。"为农户增产增收、下岗职工再就业和农民季节性就业提供了有力保障，是当今农业领域无可比拟的风华一代。"这是熟知她的人一致的赞赏。

哈工大的 EMBA 人

赵金晓
HAGONGDA DE EMBA REN

HARBIN
INSTITUTE
OF TECHNOLOGY

赵金晓，毕业于哈尔滨工业大学实验技术学院工业自动化专业，2015年考取哈尔滨工业大学 EMBA，在读未答辩完毕。现任哈尔滨宇龙自动化有限公司董事长，同时兼任中国民主同盟黑龙江省科技委员会副主委、哈工大 EMBA 联合会副秘书长。

智能制造与数字化解决方案的追梦人

——记哈尔滨宇龙自动化有限公司董事长赵金晓

三十几岁，公司董事长，中国民主同盟黑龙江省科技委员会副主委，哈工大 EMBA 联合会副秘书长……如果把这些身份放在一起，你会想象出怎样一幅"高富帅"的画面。然而，赵金晓却平实地说："创业不能依靠想象，只有脚踏实地，追求卓越，才能走得更远。"说起创业，每个人心中都有一个创业梦，然而不是所有人都会像赵金晓一样有魄力去尝试与拼搏。

披星戴月，勤恳坚持，智能制造与数字化解决方案的践行者

2002 年赵金晓毕业于哈尔滨工业大学实验技术学院工业自动化专业。当时的东北，正经历着经济体制改革转型期的阵痛。一些企业关停并转，不少群众犹疑彷徨。对于那一代的学子来说，象牙塔中好避世。想通过大学混一纸文凭、找一份安稳工作的人不在少数。但赵金晓却从未想过放弃梦想，庸碌一生。考进哈工大，是赵金晓人生路程的起点，也是他毕生的幸运。"规格严格，功夫到家"，这激励着一代代工大学子的八字校训，也铸就了赵金晓不甘平庸、迎难而上的进取精神。大学毕业后，他进入一家国际自动化公司做市场开发，工作中他凭借着自己熟练的专业技能以及

对自动化行业的热爱和探索，专注于每一次与客户交流、与公司员工沟通的细节，一次次突破自我，完成非凡的既定指标。但是他心中的创业梦，促使他在工作一年后选择辞职，开启了漫长又艰辛的创业路途。而他瞄准的方向是一个当时不被人熟知的领域——工业自动化。

21世纪初，工业领域正在全球范围内发挥越来越重要的作用，是推动科技创新、经济增长和社会稳定的重要力量，而中国的经济崛起也必然需要强劲的工业助推。巨大的机遇和风险同时在时代的岔路口汇合，而机遇总是留给有准备的人。2003年，哈尔滨宇龙自动化有限公司（以下简称"宇龙自动化"）宣告成立！

宇龙自动化总部在哈尔滨、长春和沈阳设有分公司，是一家专注于智能制造领域，以工业信息化与工业自动化深度融合为技术核心的高新科技公司，和哈尔滨工业大学、哈尔滨工程大学、上海大学等多所高校有密切的合作。公司致力于帮助客户解决生产制造痛点、提升市场竞争力、创新商业价值和增强可持续发展能力，做最专业的工业信息化和自动化供应商，为客户提供真正的智能制造解决方案、产品和服务平台。

赵金晓创业的初衷，是要树立自动化行业领先地位，开启自动化与信息化全新品牌。他致力于将公司打造成为工业自动化、软件及其应用的系统解决方案供应商。所以从一开始，他的目光就不仅局限于黑龙江省甚至全国，而是放眼世界。

随着全球化的进程，客户需求的多样化、客户对于成本和服务质量的要求越来越高，同时，政府对于环境问题、合规性要求等愈发重视，使得制造业必须进行转型、升级，才能在市场中生存下来。随着国家战略对智能制造的呼声越来越高和技术的不断进步，智能工厂、数字化工厂越来越被重视，也越来越能发挥其实际的效用，为企业带来持续的增值。数字化工厂的建设，集成了产品、过程和工厂模型数据库，通过先进的可视化、仿真和文档管理，以提高产品的质量和生产过程所涉及的质量和动态性能。数字化工厂采用国际一流标准及世界顶尖工艺，集合全球最先进的技术与装备，综合应用物联网、云技术、移动互联、工业大数据分析等技术手段，形成一套网络世界与物理世界的交互系统，具有可靠性高、可扩展性好、实时性强等特点；通过实时收集生产现场的各种生产信息、及时的信息共享和准确的事件预报，为公司管理层进行生产决策提供实时的现场数据；促进管理与制造的一体化和实时化，实现 ERP/MES/PCS 的集成，实现 MES 与 WMS、LIMS 的集成，全面整合并有效利用各个管理系统和控制系统的数据，变质量检验为质量保证，全程可追溯，并可进行基于用户需求的定制化配方设计与生产，简化业务操作，提高业务效率。同时完成销售与电子商务系统的集成，使工厂能够及时得到市场的反馈，根据需求调整生产，持续地提质降耗。赵金晓深知，在未来越来越激烈残酷的变革中，谁能抢占先机，顺时而作，谁才能冲破滚滚大潮，到达成功的彼岸。

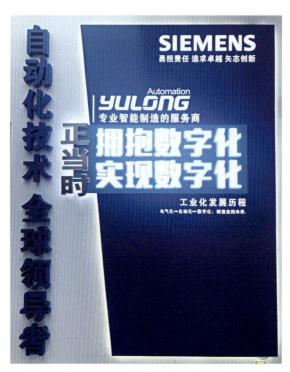

公司文化墙

白驹过隙，势不可挡

经过 15 年的辛勤耕耘，宇龙自动化已成为东北三省最大的专注于智能制造和数字化解决方案的服务专家。今天，宇龙自动化合作的大型工业企业用户已经超过 5 000 家，客户群体覆盖了航天航空、船舶、汽车、食品饮料、制药、市政、冶金、大型机械制造、电力、石化等行业。业务板块集中在：（1）实现工业 4.0，专注于智能制造领域，以工业信息化为核心；（2）充分利用最新 IT 技术，与自动化技术紧密结合，成为不断创新的高科技公司；（3）以客户为导向，为客户提供高价值的智能制造解决方案、产品和服务平台。

运筹帷幄，决胜千里

企业发展的 15 年间，并非一帆风顺。在企业发展的过程中，赵金晓也经历过找不到明确的方向、实体经济环境恶劣、财务资金紧张等重大难题。凭君莫话封侯事，一将功成万骨枯。创业的路上，从来不缺少各种各样的失败者。赵金晓之所以能带领宇龙不断克服艰苦环境生存下来，主要是以下几个方面的原因：

一是赵金晓坚持不懈、不屈不挠、顽强努力的心理品质。想要根据市场的需求变化，确定正确而且令人奋进的目标，并带领员工战胜逆境实现目标，他必须有一颗永远持之以恒的进取心。这种恒心、毅力和坚韧不拔的意志，是十分可贵的个性品质，得益于在哈工大养成的铭记责任、竭诚奉献的爱国精神；求真务实、崇尚科学的求是精神；海纳百川、协作攻关的团结精神；自强不息、开拓创新的奋进精神。赵金晓已经做好了充分的心理建设。

他遇事沉着冷静、考虑周全，一旦做出决定，便锁定目标，绝不放松。在方向目标确定后，他便会朝着既定目标一步步走下去，纵有千难万险、迂回挫折，也不轻易放弃。创业是艰难的，在创业过程中难免会遇到这样或那样的苦恼、挫折、压力甚至失败，但对于赵金晓来说，心里已经树立了这样一个信念："我一定会赢。"创业难，守业更难，即使在成功创业后，赵金晓依旧苦心经营，顺应时代的进步学习经营技巧，正是他这种百折不挠的精神，才让他到达了胜利的彼岸。

二是集体创新、共享认知、共担风险、协作进取的团队精神。赵金晓的创业团队并不是一群散兵游勇的简单集合体，他的创业团队具有集体创新意识，每个人都能够积极地参与到共同分析创业机会、共同探讨创业资源获取、共同研究化解团队成长危机的创造性方案中，并能够共同采取创造性行动方案来快速成长。这样极大地提高了对创业机会的认知水平，并能更为有效地保持对外部客观存在的创业机会的认知。他的团队采取共同承担风险的方式，缓解由个体成员独自承担风险所带来的巨大精神压力和经济损失压力。创业初期的工作环境就像高压锅，不能单看团队着装休闲、办公室环境愉悦就觉得工作轻松，作为团队的领导者，赵金晓对其中隐伏的危机也一清二楚，并未雨绸缪，围绕团队做了许多具体规划和心理建设方面的工作。如今，宇龙自动化团队规划早已逐步完善。2017 年，赵金晓又对公司职能部门进行划分调整，实现了公司运营和体系的流程化、标准化、规范化。未来公司将以打造一套理念、转变三个观念、营造四种环境、强化六种仪式来全面建设企业文化，在销售团队管理、运营团队管理、技术团队管理方面进行全面提升。

三是将客户的认可摆在至关重要的位置，视为企业命脉所在。在数学上，"100-1" 等于 99，而在企业经营上 "100-1" 却等于 0。一位管理专家曾一针见血地指出："从手中溜走 1% 的不合格，到客户手中就是 100% 的不合格。"尤其在赵金晓创业的领域中，客户只要对公司的任何一种产品不满意，就会大大降低客户对公司的认可度甚至失去信任。为了将这种风险在源头杜绝，赵金晓从这几个方面提醒自己和团队：（1）保持良好的职场礼貌，保持良好的做事风格，做事先做人；（2）读书学习，提高自己的专业知识和能力，多结交人脉，扩大自己的资源，为客户创造更大的价值；（3）站在客户的角度去思考和分析，该如何进行产品和服务的销售及推广，"己所不欲勿施于人，己所欲慎施于人"；（4）多和客户沟通，保持良好的沟通能力，可以及时有效传达自己的意思，也能及时了解客户的需求和想法；（5）用真诚的态度帮助客户处理问题。

在赵金晓的引领和统率下，15年来，宇龙自动化硕果累累，成绩斐然。15年的砥砺奋进，离不开每一位同仁的辛苦付出；15年的行稳致远，也得益于各界人士的鼎力支持。宇龙自动化现今拥有近200人的专业技术团队。他们来自不同地区，其中有思维敏捷的策划者，有具有实战经验的营销者，也有一流水准的操作者，更有高瞻远瞩的领导者。因为同一个梦想，大家相聚在这里。宇龙自动化的团队不只在技术上处于行业前端，在服务上也是一流的水平。数十人通过了西门子工业业务领域技术工程师认证，严格执行软件设计标准化、硬件设计和集成标准化。他们始终坚持"说到做到"的企业文化，赢得了客户的广泛赞誉与专业认可。目前，公司已通过ISO 9001质量管理体系认证、ISO 14001环境认证、OHSAS 18000职业健康安全认证、计算机信息系统集成认证、高新技术企业、CCC认证，获得十余项专利和自主知识产权。

不积跬步，无以至千里；不积小流，无以成江海

经过多年的技术积累与沉淀，2018年宇龙自动化为黑龙江省龙油石油化工股份有限公司龙油550万吨/年重油催化热裂解项目，提供全厂的工业4.0解决方案及电气自动化整体解决方案，整体合同近两亿元。把龙油

龙油 550 万吨／年重油催化热裂解项目及 95 万吨／年聚烯烃项目

内蒙古中核龙腾导热油 100 兆瓦槽式太阳能热发电项目

550万吨/年重油催化热裂解项目，打造成了世界领先的智能化工厂、数字化工厂，助力其走在同行业发展的最前沿。

同年，为内蒙古中核龙腾导热油100兆瓦槽式太阳能热发电项目提供整体解决方案和全生命周期的服务与支持。该项目一期投资约28亿元，占地7500亩，将建设375个回路，预计年总发电量为3.5亿千瓦时，是全国首批光热发电示范项目，也是我国目前装机规模最大、技术最先进、投资金额最大的槽式光热发电项目之一。

锐意进取，扬帆远航

在赵金晓的眼中，成绩只能代表过去，他希望能够带领公司创造更辉煌的成绩。因此，公司从自身发展过程中遇到的问题出发，以提高股东收益、不断获取可持续竞争优势为目标，优化绩效体系、优化组织架构，建立统一的信息协同平台，以杜邦分析为基础，对各业务线、各部门进行核算与考核，不断提高企业综合竞争力；同时，注重与高校的合作，建立产学研用基地，注重人才引进、培养与积累，为企业的可持续发展积蓄力量。

未来，宇龙将以东北市场为基础，拓展全国乃至全球业务，深耕行业解决方案，在全球工业升级转型的浪潮之下，积极推动新技术在工业互联网环境下的具体应用，包括工业人工智能、大数据平台、协同制造等，致力于打造引领中国制造发展的工业信息化与自动化平台。同时，宇龙自动化会建立更加完善的销售管理体系、供应链管理体系和工程项目管理体系，通过"项目经理制"，优化财务管理体系、优化业务流程、优化组织机构，最大化提升各项业务的管理效率；通过绩效制度的不断完善和员工培训体系的建立，不断地激发员工的创造力和潜力；通过建立统一的信息管理平台，实现人员协同、资源协同、信息协同、业务协同，进而实现内部协同和外部协同，为客户提供质量更好、周期更短、成本更低的优质的一站式服务。

未来的宇龙，是一个平台，要为更多的新人提供发展和成长的基石；未来的宇龙，是一份保障，不辜负每一个为之努力和奋斗、与之共同成长和提高的人；未来的宇龙，更是一份责任，要为员工创造高品质生活，为行业发展树立新标杆，为社会和谐进步做出新贡献。

期望工大学子赵金晓，未来能够因宇龙自动化成为哈工大的骄傲。将"说到做到"的企业文化贯彻到底，充分发挥"至诚守信、追求卓越、品质服务、创新发展"的核心价值观，为客户提供更好更全方位的服务，助推智能制造与数字化解决方案，助力"工业4.0"的发展。

宇龙自动化十五周年庆典

哈工大的 EMBA 人　李可心
HAGONGDA DE EMBA REN

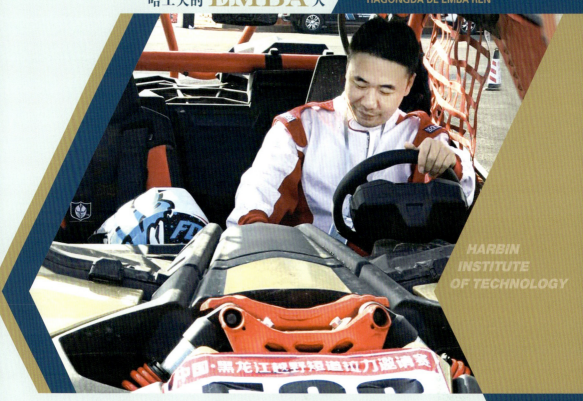

HARBIN
INSTITUTE
OF TECHNOLOGY

李可心，佳木斯凯撒国际大酒店董事长，北京心时代投资有限公司董事长，中国北京和商协会会长，佳木斯市向阳区人大代表，2015年就读于哈工大EMBA班，2018年获得哈工大工商管理硕士学位。

阳光总在风雨后

——记佳木斯市凯撒国际大酒店董事长李可心

从一名退伍军人,到拥有200多名员工的酒店董事长,他挥洒着热血青春,完成了一次又一次精彩的转身。无论是可歌可泣的军旅生涯,还是乘风破浪的商业征程,他身上总能体现出一股军人的气质,这种气质一直伴随着他的工作和生活。有人称他是脚踏实地、目光远大的实干家,有人赞他是顺势而为、把握机遇的商界精英,更有人誉他是佳木斯酒店业一颗冉冉升起的"新星"。而他却认为自己只不过是"大众创业、万众创新"中微不足道的"沧海一粟"……他就是哈工大管理学院EMBA153班毕业生、佳木斯市凯撒国际大酒店董事长李可心。

这是一个创造奇迹的时代,是无数创业者以生命激情投入事业的时代。

在三江平原这片热土上,无数的创业者留下了他们闪光的足迹,写下了饱蘸青春汗水的辉煌篇章。

佳木斯市凯撒国际大酒店,在短短五年时间里,由一个昔日门庭冷落、只剩"空壳"

胸怀壮志的李可心

的负债店，滚雪球般迅速成为佳木斯酒店业的明星企业……这一切，与他们的带头人——"80后"董事长李可心紧紧联系在一起。

正是他，靠着超人的胆识和气魄，执着地把心血融入抢占市场制高点的各项工作中，敢为人先，使"凯撒"在激烈的市场竞争中站稳了脚跟。

正是他，以自己的人格魅力，凝聚起了全体"凯撒"人的心智，上下同欲，处处荡漾着清风正气，使凯撒大酒店成为佳木斯酒店业的一道风景。

部队历练　积累经验

李可心出身于一个贫苦的家庭，看着每天辛苦劳作的父母靠着微薄的收入养活全家，懂事的他从小就萌生了一个念头：将来要努力多赚钱，让父母过上好日子。无论是小学，还是初中，他的学习成绩一直名列前茅，连续多次取得学年第一。可正当父母、老师想着力培养这个未来的"苗子"向清华、北大等名校进军时，他却做出了一个惊人的举动：放弃升入重点高中的机会，弃笔从戎，投身军营。父母、老师极力挽留，亲戚、朋友好言相劝，可李可心却意志坚定："我不喜欢安于现状，我要挑战不一样的生活，在部队的大熔炉中去历练自己。"

1997年，年仅16岁的李可心告别父母和朋友，踏上了吉林省这片陌生的土地，在吉林市当了一名消防战士。两年的军旅生涯虽然很苦，却练就了他吃苦耐劳、永不言败的精神和铁一样的意志。退役回到佳木斯后，由于在部队表现出色，他在千余人的考试中脱颖而出，被择优分配到佳木斯火车站当了一名制动员，负责火车的检修和保养。但很快，李可心发现这种早八晚五的生活不适合自己，他甚至预见到了继续干下去的未来：和身边的师傅们一样，力没少出，拿着固定的工资，过着清贫的生活。不，这不是他想要的生活。"要闯趁年轻"，他再次说服家人，辞去工作，重新调整自己的人生目标，准备撸起袖子大干一场。

他认真地规划了自己的未来，自主创业的想法从他的脑海里闪过，有了想法后，他开始各方打听和筹备。但是初出茅庐的李可心，既没有资金又缺乏经验，他深知仅凭自己的一股子冲劲是行不通的。于是他决定先从底层做起，慢慢积累各方面的社会实践经历。极具商业头脑的他和朋友合伙，看准商机，在佳木斯大学附近开设了一家益智文化俱乐部，做一款类似于暗战的心理游戏。由于游戏新颖吸引了众多大学生的眼球，迅速抢占了先机，使得他的俱乐部里经常人满为患、一座难求。经过三年的锻炼和拼搏，他慢慢地积累起了自己的资金，也具备了一定的社会经验。

转战歌厅　大显身手

在李可心的人生字典里只有想不到的，没有做不到的。他靠着自己敏锐的市场意识和创业精神，把许多的"不可能"变成了可能。2009 年，掘得人生第一桶金的李可心又"嗅"到一个商机：佳木斯市街头巷尾到处都是歌厅，但缺乏既有格调又有档次的大型歌厅。李可心决定转投歌厅行业。他的这一想法得到了好朋友王岳东的鼎力支持。王岳东将自己的房产无偿借给了他，并鼓励李可心："你小子的想法错不了，你就大胆干吧！赔了算我的，挣了再给我房费。"

就这样，李可心在位于佳木斯火车站前的升平街上开起了一家占地 4000 平方米的喜洋洋量贩式 KTV。俗话说："隔行如隔山。"由于不懂得管理，加之设备、设施老化，在开业后的两个月内一直门庭冷落车马稀。但不服输的李可心并未气馁，他上省城、进京城，到处"取经"并迅速转变经营模式和服务理念。他在佳木斯歌厅业首推"你唱歌，我埋单"活动，只要顾客注册会员就赠送 1000 元欢唱卡，每次消费可以用 100 元欢唱卡。

得知消息的顾客从四面八方蜂拥而至，30多个包房天天爆满，一个月的营业额就达到了30多万元。"喜洋洋"一时成了佳木斯歌厅中的代表，也成了人们茶余饭后消遣的最佳去处。

投身酒店　振翅高飞

作为优秀的企业家，李可心总是善于发现商机，总是走在别人的前头。2013年7月，一家位于佳木斯繁华地段的大酒店由于经营不善面临倒闭。完成了资本积累的李可心再次"异想天开"，看中了它所处的地理位置，梦想在酒店这个领域一显身手、有所作为。在好朋友王岳东、王中魁的解囊相助下，李可心又投资1000万元，盘下了这座全市最大、最高的地标性酒店，并命名为"凯撒国际大酒店"。

一石激起千层浪。有人用怀疑的目光看着李可心，有人以旁观者的心态想看"凯撒"到底能走多远。一个半路出家的门外汉，想在陌生的酒店领域大展拳脚谈何容易。当时的酒店在外人看来只不过是一个空店罢了，前任经营者不仅拆除了一切可以拆除的设备、设施，而且还欠外债200多万元，100多名员工的工资无法兑现。按理说，他除了盘下这个酒店外，其他的一切债务都可以置之不理。但强烈的社会责任感促使他接纳下这一切，而他随后的"新官上任三把火"也着实在董事会上上下下引起了不小的波澜。第一把火，把酒店的老员工召集到一起，结清了前任经营者拖欠的全部工资。这一招，瞬间融化了老员工的心，他们不但没有一个人离开，而且还把自己的亲友推荐到酒店上班。第二把火，还清了外欠的200万元债务，并承诺客户之前所办的储值卡继续有效，如果不愿意接受"凯撒"的服务，可以直接退卡。结果是原来的80余家客户一个没少，反而增加了十余家新客户。第三把火，招兵买马，创造属于自己的商业帝国。经过对同行业的调查和分析，他相信"凯撒"一定能搏击市场冲出一条阳光大道。

在"凯撒"创业的初期，难事成堆，最难的还要数人才的匮乏。但困难并不可怕，关键看如何用智慧去化解。这所有的一切，都难不倒硬汉李可心。从创业初期，李可心就把功夫下在了培育一支素质过硬的员工队伍上。"凯撒就是一所学校"，这是李可心的主张，这所学校的目标就是"先育人、再育才"。"凯撒"在选人方面不仅重文化水平、专业知识、实践经验，更看重人的品行，凡是品行不端、劣迹斑斑的人即使文化水平再高、专业能力再强也被拒之门外。李可心要求员工们："你们都要树立正确的人生观、价值观，把企业当成自己的家；不但业务技术要过硬，更重要的是要有忠于凯撒事业的责任心。"在他的"三顾茅庐"下，一批实干型的管理人才入驻"凯撒"并迅速打开局面，酒

李可心在海上垂钓

店开始从微盈利到盈利，然后持续增长，一年的销售额达到上千万元。

创新，是我们这个时代的特征。只有具有创新思维的企业家，才是真正的企业家，才能带领企业不断走向进步和发展。"凯撒"的实践就充分证明了这一点。面对喜人的局面，李可心变得更加冷静。企业要实现大发展，必须抢抓机遇敢于创新，利用各种手段实现裂变，形成规模，抵御市场风险。李可心认为，真正的当代酒店并不在于华丽的外表和硬件装备上，而在于其独特的内涵。于是，李可心针对酒店行业的市场变化，以变应变，出了三个"奇招"。一调结构。改变过去对行政公款消费的依赖，积极开发商务市场，转向业务洽谈会、招商会、企业订货会、新产品推介会、各行各业的培训及商务宴。抓好老客户的回头率，推出高、中、低档不同价位的房型。在餐饮方面，降低门槛，推出大众消费、家庭消费的菜品，引导和激发消费者的欲望，将美食与时尚结合、美味与实惠结合。二转方式。改变过去酒店主要接待行政性、商务型、高档外宾团队的理念和做法，吸引普通散客和当地居民及家庭消费，抓好节庆营销等。三做特色。实行"差异化"的经营策略，开发和经营有特色与亮点或竞争力强的产品。亲情化、个性化、定制化的服务精细到位，无一不体现了酒店的服务理念，成为品质的有形体现。

不断创造梦想、实现梦想是李可心事业成功的源泉。2014年11月，李可心将之前在"喜洋洋"量贩式KTV成功的经验移植到酒店，并从一线城市重金聘请职业经理人，斥巨资购进音响等设备，打造佳木斯市最好、最高端的娱乐场所。一系列令人叹服的举措，给"凯撒"带来了源源不断的发展动力，让人真正体会到了"四两拨千斤"的功效，也让人领略到李可心拼搏市场且游刃有余的风采。

李可心明白：员工永远是第一位的。员工的服务是创造利润的基础。他细心实施人性化管理，采取一系列有效的激励机制：将高管中层骨干，吸纳

李可心的酒店团队

为企业股东；酒店员工一般靠吃青春饭，对年龄偏大的，因人制宜，安排合适的岗位，解决后顾之忧；将忠诚于企业、上进心强的有为青年员工派出去带薪学习培训，回来后给予提拔重用；每年召开一次快乐会议，定期开展服务明星、微笑天使等活动，让员工快乐工作、快乐生活、展示才华、乐在其中；对员工生日了如指掌，必送贺礼；员工生病住院，定去看望慰问；逢年过节，发放福利。人性化的管理犹如和煦的春风吹暖人心，换得的是企业凝聚力增强，团队精神发扬光大，员工敬业爱岗精神大大激发。

饮水思源　回报社会

随着酒店事业的不断发展壮大，只有初中文化的李可心越发觉得自己的知识、眼光和经验，不足以驾驭他的雄心壮志。一种强烈的"充电"意识促使他放慢了前行的脚步。2014年5月，他前往清华大学进行了为期半年的进修。2015年9月，他考入哈工大管理学院 EMBA 班继续深造学习，在两年的学习时光中，李可心如饥似渴，尽情遨游在知识的海洋中，与来自全国各地的企业家、银行家们畅谈理想、指点江山。在这里，他不仅找到了纯真的友谊，而且人生观和事业观也受到了很大的启迪。他勤奋好学、艰辛攻读，如愿地获得了EMBA学历，这使他在事业的征途上积聚了能量，如虎添翼，大展宏图。

学成回来后，他严抓管理，不但为酒店制定了完善的管理制度和企业文化，还不定期地参加各种企业培训班，把北京、上海等地的营销大师请来给员工讲课并实地操作，形成了上下一心谋发展的良好氛围。他亲力亲为，带领销售团队分析市场需求，拓宽销售渠道，为酒店客源奠定了坚实的基础，也带出了一批优秀的销售精英。他组织员工开展业务培训与交流，鼓励员工工作之余不忘学习。他还经常带领酒店高管到星级酒店学习交流，在不断的培训、交流和学习中，员工的整体业务素质、综合能力都有了很大的提升。酒店也

李可心与哈工大EMBA同学合影

逐渐成为佳木斯市酒店行业的"龙头老大"。连续五年接待全市"两会"参会人员千余人次，接待医学院、卫生局、高校论坛、遥感、脑瘫、农垦会议等几十个学术研讨会，全年接待外宾百余人，每年接待全国各地嘉宾4万人次以上。每年旺季时，酒店220余间客房全部爆满，甚至出现提前预订的场面。

李可心创业成功、致富思源、热心公益、乐善好施，积极回馈社会。多年来，他切实履行社会责任，积极参加各项扶贫帮困活动和各项社会公益事业。支援抗震救灾捐赠、贫困山区留守儿童救助、残疾人员帮困，他都身体力行、多次捐款、率先垂范、奉献爱心，充分体现了一个民营企业家的大爱无疆和宽阔胸襟。他和酒店也多次获得各种殊荣，他在担任北京黑龙江企业商会副会长和向阳区人大代表后，积极参政议政、细致调查研究、反映社情民意，认真履行好自己的职责，受到各方的赞扬和好评。

李可心受邀参加博鳌论坛

李可心在波澜壮阔的商海里尽显风流，在没有硝烟的商战中愈战愈勇。他雄心勃勃、壮志未酬，正在做着更大的酒店事业发展梦，计划在未来20年间，在北京、海南等地再开十家酒店，朝着"凯撒"的连锁化、多元化、规模化、科技化大举进军，立足佳市，走向全国，创造梦想，实现梦想。我们由衷期待李可心美梦成真！

哈工大的 EMBA 人　马永胜
HAGONGDA DE EMBA REN

　　马永胜，2019年获得哈工大工商管理硕士学位，研究员级高级工程师，现任中散协混凝土专业委员会副秘书长；中国商品混凝土行业企业专家委员会副秘书长；中国混凝土水泥制品协会混凝土外加剂应用技术专业委员会副秘书长；中国土木工程学会混凝土质量专业委员会常务委员；中国建筑材料测试专业委员会常务委员；中国砂石协会标准化技术委员会委员；中国土木工程学会混凝土外加剂应用技术专业委员会委员；北京砼享未来工程技术研究院总工程师；四平市华泰商品混凝土有限公司技术总监；潍坊京泰新型建材有限公司技术总监；齐齐哈尔齐鲁商品混凝土有限公司技术总监；牡丹江恒大商品混凝土公司、长春鹏霖混凝土有限公司等四十八家预拌混凝土生产企业技术顾问。

为混凝土注入灵魂的工程师

——记北京砼享未来工程技术研究院有限公司总工程师马永胜

刚毅的目光，爽朗的笑声，自信的话语，这是研究员级高工马永胜面对采访时真诚的流露。从一名试验员做起，到总工程师，历经的每个工作岗位都历历在目，正是因为他对混凝土事业的热爱及执着，加上不畏辛苦、认真好学的进取精神，最终成为业界的知名专家。"他是为混凝土注入灵魂的工程师。"这是行业同仁对他的一致评价。

起步基层　走出砼行之路

马永胜1997年7月毕业于黑龙江省建筑工程学校工业与民用建筑专业，并于当年步入混凝土行业。

从一名外加剂技术员起步，然后作为试验员、中控室操作员、试验室主任、技术部副部长、副总工程师、总工程师，每一步都是用一点一滴的泪水和汗水积累起来的。"因为付出了很多吧，才取得今天这个成绩，我感觉真的没白付出。"提起过往，马永胜有着别人没有的坚韧。

"短短的几年时间，从基层走上了混凝土行业的顶尖岗位，这完全是他废寝忘食工作的见证。"曾经和他共事的一位同事这样说。

"我出生在黑龙江省通河县清河林业局，家里条件不是特别优越。有一句俗话说：'不蒸馒头争口气。'我一定要走出大森林。"马永胜说。经过努力学习，他如愿地走出了大山。

他说，在从业后觉得自己学历不够，感觉到知识匮乏，所以一直向往高等学府的教育。"先后通过成人教育获得了专科—本科—硕士研究生学历，进行了学历提升。工作中，开始'血拼'专业技术职称。通过努力，一步步从助理工程师—工程师—高级工程师—研究员级高级工程师。这其中涉及我作为第一完成人研发的科技成果，并已成功申报专利。"说完，马永胜开心地笑了起来。

2000年他取得工程师职称，同年10月份被聘为哈尔滨长城高新建材科技有限责任公司技术部部长，负责技术部全面管理工作，包括原材料进厂的检测、混凝土的配合比优化设计、混凝土生产质量控制……每个细节他都力求做到完美。

"他是一个完美主义者，任何细节都不允许有瑕疵，要做到精益求精。"这是业界人士对他的一致评价。他常对技术部人员讲，混凝土是有灵魂的，并不只是冷冰冰的石头。对待混凝土要像对待孩子一样，去关心，去照顾，去呵护。如果仅仅是应付，在工作中不细致，没有责任心，那么混凝土也会像孩子一样生病，会出现工程质量事故的。

辛勤工作　分享独到见解

马永胜不仅注重自我学习，还时常不辞辛苦地为同事培训、考试、讲解。正是这样马永胜为企业打造了一支吃苦耐劳、能打胜仗的队伍，从试验员、质检员到操作人员，他们不仅具有专业的技术素养，而且不怕脏不怕累，始终冲锋在企业的第一线。在历年的年终总结会上，技术部都被评选为企业最优秀部门。

2008 年取得高级工程师职称后，马永胜被聘任为哈尔滨长城高新建材科技有限责任公司总工程师，负责企业全面的技术管理工作。通过他不懈的努力，哈尔滨长城高新建材科技有限公司逐渐成为哈尔滨地区乃至黑龙江地区最有影响力的企业。哈尔滨各大重点工程争先恐后地选用长城高新建材科技有限公司的产品。马永胜功不可没。"他把质量放在第一位，通过精湛的技艺，解决了客户众多的疑难杂症，特别是在混凝土外加剂领域，更有他独到的见解。"许多同行有解决不了的问题，都会向他请教，而他也非常愿意分享经验。久而久之"马老师"这个称呼，在黑龙江预拌混凝土领域被大家口口相传。

马永胜每年要进行 3~4 次培训授课，每次授课时长 15 天，授课内容主要包括预拌混凝土原材料的检测、预拌混凝土配合比优化设计、预拌混凝土质量控制、特种混凝土的配合比设计、预拌混凝土外加剂复配合成技术等。正是因为拥有多年的一线工作经验，他对所有生产及质量控制环节了如指掌，能将标准规范、合理、有效地落地，使技术人员真正地学会标准并应用在实际工程之中。

马永胜时常与大家分享工程案例，并指出预防措施及解决方法，此举受到大家的热烈追捧。在马永胜授课时，会场经常容纳不下来听课的学员，许多人站在走廊、站在过道，学员记录的笔记本总是不够用，学员总是觉得没有听够马老师的课，常常在下课时围在马老师的周围咨询问题。虽然连续讲课使人疲惫不堪，可马永胜依然细心并不厌其烦地为学员们解答每个问题。他的培训大幅度地提高了预拌混凝土生产企业技术人员的技术能力，提高了黑龙江省预拌混凝土的工程质量。

随着时间的推移，马永胜先后进入中国建筑科学研究院、中国建筑材料科学研究总院,作为专家、授课教师对全国预拌混凝土生产企业进行人员培训、标准培训。

一石激起千层浪,马永胜丰富的从业经验、风趣的授课内容、生动形象的工程案例,受到广大业界人士的强烈好评。他对待培训认真负责,要求精益求精,每天一小考,每周一大考,并亲自批改试卷到深夜。他教导学员将每次的考试卷子整理到一起装订成册,成为以后生产中很好的指导指南。马永胜在标准规范、外加剂方面有很深的造诣,让学员们受益颇深,他对标准规范的掌握程度在业界无人能出其右,常被大家誉为"活标准"。大家都笑称:"若是将马老师身上插上打印机,则可一字不差地打印出标准来。"

正是因为马永胜在一线有着丰富的实战经验,对标准规范有深厚的理解及运用心得,所以正式受邀参与中国建筑科学研究院、中国建筑材料科学研究总院两大主管部门主持的标准修订、制订工作。

22年来,马永胜进行了多次授课及评审工作,其中包括:为中共新疆生产建设兵团某师委员会进行个人授课;作为国家建筑材料情报研究所专家组成员,完成28次个人授课,学员均是来自全国各地的预拌混凝土生产企业技术人员,每次授课时长7~20天,学生总人数2000余人,授课效果良好;2014年为内蒙古自治区检测试验人员进行上岗培训;2009—2013年黑龙江省工程检测人员上岗培训;2009—2014年黑龙江省预拌混凝土生产企业资质现场评审;黑龙江省预拌混凝土生产企业质量监督检查工作;2009—2011年预拌混凝土生产企业试验室资质评审;哈尔滨地铁三号线混凝土冬季施工配合比评审;哈尔滨地铁三号线C55管片冬季施工质量评审;2018年第五届全国大学生混凝土材料设计大赛裁判委员会副主席。

实战专家　　显露过硬技术

2008年起，马永胜作为哈尔滨市建筑工程质量监督总站的预拌混凝土专家，主要制订哈尔滨市预拌混凝土企业内业表格管理，表格内容严谨符合标准规范，让多年来预拌混凝土表格混乱不标准的情况得到彻底的解决。此套表格后续作为黑龙江省预拌混凝土企业专用表格延用至今。

随后，马永胜又被聘任为黑龙江省住房和城乡建设厅工程质量监督检测专家。主要工作为预拌混凝土生产企业试验室资质评审、工程检测公司资质评审、技术人员职称评审、制订预拌混凝土生产企业质量监督检查内容及黑龙江省工程检测人员授课、黑龙江省岗位证书考试命题。

马永胜作为评审专家时，因为高超的技术水准，及公平、公正、公开的评审标准，得到了上级管理部门领导和同事的一致好评。"马永胜制订的检查内容针对性强，直指混凝土质量控制环节最薄弱的部分，帮助企业排除质量隐患，降低企业的运营风险。"业内人士纷纷表示。

马永胜在监督检查企业时，每次都能抓住并指出企业的不足，同时向企业提出宝贵的建议，时常让企业在提高混凝土质量的前提下，采用新产品、配合比优化等技术措施，实现真正的降本增效。在检查的同时，又帮助企业进行了技术指导，所以在业内受到大家的一致认可。

此时马永胜已经成为黑龙江省最权威最有影响力的预拌混凝土专家，许多外省市的技术人员及企业家，都慕名而来向他学习、请教问题。马永胜多次参加各种学

马永胜在授课

学员在认真听马永胜授课

术交流会,并在交流会上做出精彩的报告,发表他独到的见解。马永胜的名气在全国慢慢传开,大家都知道黑龙江省出了一位混凝土一线的实战专家,马永胜甚至一度成为全国一线实战专家的代名词。

马永胜不仅是实战专家的代名词,还有"拼命三郎"的称号。在任技术部长期间,他每天废寝忘食工作到深夜,时而在冰冷的试验室中,时而在寒风凛冽的浇筑现场,休息时间仅有短短的三四个小时,这种为混凝土事业奉献出一切的精神令人敬佩。

1998年,哈尔滨市某一工程项目即将收尾时出现一些意外,导致12车混凝土出现压车,即将成为废料。已经连续工作三天,只休息了两个小时的马永胜听到此消息后,立马从床上爬起来穿上衣服,不顾身体的承受能力,第一时间赶到现场。历时5个小时,经过计算,保质保量调整后打入指定地点,为企业创造了效益。提起这段经历,马永胜没有丝毫对辛苦的抱怨,而是满脸的自豪。

行业认可　展现砼心砼德

为了给社会带来高质量的建筑品质,马永胜放弃休息时间,奔波在各个施工现场,全国各大重点工程都留下了他的身影。他22年如一日地热爱着他的事业，将混凝土做到极致。

为了用自己的技术让更多的人受益，马永胜被四十八家预拌混凝土生产企业、四十六家外加剂厂聘为技术顾问，同时任北京砼享未来工程技术研究院总工程师。

22年来参与制订、修订混凝土相关标准24项：《普通混凝土拌合物性能试验方法》等国家标准4项、《混凝土中氯离子含量检测技术规程》等行业标准20项。

同时，作为第一完成人研发了3项科技成果，"MYS-1型混凝土泵送剂制备与应用技术开发""MYS-2型 低温早强泵送剂制备与应用技术研究""MYS-3抗泥减胶型混凝土泵送剂制备与应用技术开发"均达到国内领先水平。

另外，拥有作为第一专利发明人的专利3项，以及"用内涂式流滴剂生产长效流滴消雾的技术工艺""一种混凝土新型泵送剂""一种混凝土抗泥减胶型泵送剂""抗渗塑料试模专利""外加剂添加预混器专利"等5项实用新型专利；发表论文100余篇。

2017年，马永胜作为指导教师参加"全国海绵城市建设用透水混凝土设计大赛"，获大赛三等奖；编制的《黑龙江省预拌混凝土绿色生产及管理技术规程》地方标准获省住房和城乡建设厅二等奖；"MYS-1型新型混凝土泵送剂制备与应用技术开发"获省科技进步三等奖；2014年获得"中国混凝土行业绿色环保人物"称号；2015年获得"中国混凝土行业绿色环保人物"称号。

马永胜被聘任为振动搅拌应用技术创新联盟专家

振动搅拌应用技术创新联盟水泥混凝土专家委员会成立大会合影

"一个人能取得成功一部分取决于天赋，但是最重要的还是靠自己的努力。"面对这些荣誉，马永胜说："做人做事一定要保持谦虚，这就是我一生当中的信条。""情商高、智商高，为人勤恳、低调，做事谦虚，遇到问题能迎难而上。"同事及朋友也给了他一致的好评。

结缘工大　应对创新挑战

攻读哈工大EMBA，马永胜有着自己的理解："结缘哈工大，是我后来发展的关键。在EMBA时，我学到的是一种思维的方式，当工作中遇到问题时，我会试图从不同的维度去想解决问题的办法。从EMBA课堂学到的理论，也能够帮助我反思过去的一些不足。更多时候，在企业经营中，立竿见影的效果往往很难体现，更多的是一种潜移默化的影响。"

2015年，马永胜进入了哈尔滨工业大学管理学院就读EMBA。虽然他在预拌混凝土技术领域早已有很高的成就，但他认为应该学习加强管理能力，技术与管理始终是分不开的。企业的核心技术需要好的管理运营模式去支撑，他从哈工大EMBA收获到了许多先进的管理理念，开阔了视野，提高了人生的高度，形成了新格局。

"为什么要读EMBA，这源于我人生当中一个重要的故事。"马永胜笑着说，"我其实一直向往着进入高等学府当一名教授，但是就是因为我的学历不够，人生目标一直无法实现，也正因如此激起我继续学习的动力。"

"我深知自己第一学历太低，尽管在过去20多年里积累了很多经验，但是面对新的挑战，还是应该丰富理论知识，借鉴更先进的经验，这样会有利于企业的发展和转型。这也鞭策我必须继续学习来丰富自己。"马永胜说。

"拿到了工商管理硕士学位后，我还要继续读博士。继续考土木工程系，我要在这个领域继续发展。虽然我今年已经44岁了，但是感觉还是有机会的！"对于学习，马永胜有着永不服输的精神。

经过在哈工大的学习，受益的不仅仅是马永胜个人，还有他负责管辖的企业。他将从EMBA收获的管理知识，学以致用地发挥在管理企业方面，使企业取得更好地发展。

马永胜在管辖的48家企业均制定了标准化的管理体系、质保体系。每月进行技术参数对标、质量控制对标、财务对标。他提出的精细化管理、标准化质量控制、企业风险规避方法，获得业内人士的强烈反响。

特别是四平市华泰商品混凝土有限公司和潍坊京泰新型建材有限公司，2018—2019年的净利润比往年同期提升30%以上，企业达到了零投诉、零事故的目标，这在预拌混凝土行业几乎是不可能完成的奇迹。正是因为他精湛的技艺加上先进的管理理念，才能够突破常规，创造奇迹。

在经济发展新常态的今天，前期快速扩张的产能和目前市场需求逐步下降造成了预拌混凝土行业严重的产能过剩。在"低价中标"的恶劣竞争环境下，企业生存空间越来越小。而马永胜的核心技术加上他的管理模式，为企业的转型升级、创新筑梦引领了风向标。

在业内已经颇有成就的他，依然选择不断地提升自己。并把他的能力和能量带给身边的人，不遗余力地助力行业蓬勃发展。"敢于尝试，就能战胜一切。"对于行业的未来，马永胜坚定地望着远方。

哈工大的 EMBA 人
申佩怀
HAGONGDA DE EMBA REN

申佩怀，1958年5月出生于黑龙江省桦川县。高级工程师。1981年9月参加工作，历任国营勃利县农机修造厂技术员、车间主任、副厂长、厂长兼党总支书记，勃农机械有限责任公司党总支书记、董事长兼总经理。1999年后任黑龙江省农机总公司党委书记、总经理，2000年任黑龙江省农业机械有限责任公司党委书记、董事长兼总经理。2016年参加哈尔滨工业大学EMBA学习。兼任黑龙江省农业机械流通协会会长，中国农业机械流通协会副会长。

相继被授予黑龙江省十大杰出青年、省优秀企业家、省优秀共产党员标兵、省特等劳动模范、国家级有突出贡献的优秀中青年专家、国务院政府特殊津贴获得者和全国劳动模范等荣誉称号。

变革谋划　向新的领域远征

——记黑龙江省农业机械有限责任公司董事长 申佩怀

"活到老，学到老，干到老，改造到老。只要一息尚存，就绝不放弃。"这就是申佩怀从1988年一路拼搏到今天的信念。他认为，人的一生只有不断掌握并增强自身的学习能力才能不落后于时代。这二十余年来，他深耕一个行业，见证着农业机械制造与流通行业的发展与繁荣。如今，在科技巨大变革、企业经济效益连年滑坡的严峻形势下，他更是毅然投向了知识更新、智慧再造的新征程，向新的领域远征。

力挽狂澜　在新产品中找饭吃

1988年1月，在年产值仅130万元、累计亏损126万元的国营勃利县农机修造厂濒临倒闭之际，申佩怀通过民主选举当选厂长，他率领全厂职工共同努力，历经7个月从机引三铧犁搞起，继而一台可同时完成深松、起垄、播种、中耕、施肥，更换部件还可进行起土豆、起甜菜等14项作业的GTX-2(3)型小型通用耕作机终于问世。

20世纪80年代初农村严重缺乏适合一家一户需求的小四轮拖拉机配套农具，他抓住这一机遇带领企业工程技术人员，以成功试制样机一鸣惊人为始，企业结束了建厂35年来没有主机产品的历史。

"从计划经济迈入市场经济，从开发适应市场需求的新产品中找饭吃，在当时省内农机制造业中可谓捷足先登。"一位业内人士说，十年来，申佩怀在企业科技兴厂和名牌战略实施中，对内实行"壮脑工程"，对外实行"借脑工程"，并推行技术开发与技术改造联动，为企业大幅度提高产能、产品质量和队伍素质创造了条件。

1998年时任黑龙江省省委书记徐有芳视察勃农机械有限责任公司

十年的时间，申佩怀领导的企业先后开发出新产品35项，其中达到国内先进水平的有20多项，填补国内空白的有6项，获得国家专利技术的有58项。使一个原来只能修理拖拉机、生产农机配件的工厂，发展到能生产6大类70多个品种的全省骨干农机制造企业。

同时，由他主持开发的小型通用耕作机，先后获得国家级金奖奖章两枚、银奖奖章三枚，以及黑龙江省名牌产品、黑龙江省重大科技效益奖、知名品牌产品、农机精品和全国用户满意产品等荣誉称号。从1992年开始，企业各项经济指标始终位于省内农机修造同行业第一名。1998年，完成产值5500万元，实现利润672万元，上缴税金330万元。

临危受命　推出改革脱困三部曲

据了解，自1999年开始，面对效益连年下滑的老国企，黑龙江省农业机械化管理局面向全省选拔优秀的管理人才。在这个背景下，申佩怀被选中，调任黑龙江省农机总公司党委书记兼总经理。上任后他带领班子成员深入调查研究，开始实施改革脱困"三部曲"。

第一部曲——深化体制改革，实现产权制度创新，建立起企业自主用工、劳动者自主择业、员工全部聘任、推行目标管理和绩效薪酬、初步适应市场经济的现代企业管理制度，创造了发展新条件。

"我们首先以产权制度改革入手，于2000年末完成了股份制改造，国有资产全部由职工买断，创建了黑龙江省农机有限责任公司。改制攻坚的核心是抓好'两个置换'，一是国有资产置换为股东资产，让企业走向市场；二是职工身份由全民制置换为合同制，让职工走向市场，充分调动了股东的积极性和创造性。"申佩怀说。

第二部曲——进行资本置换，"退城进郊"创建省汽车农机大市场。通过资产置换活化存量资产，在松北新区另行辟建黑龙江省汽车农机大市场，吸纳我省及国内各省500多家企业、个体经营业户进场经营，将"散兵游勇"组合成"集团军"。"以规范化管理实现公平竞争、共同致富，实现资产存量创新，开拓了发展新格局，申佩怀有着无可替代的推动作用。"该企业的副总经理米明伟对此情况阐述了自己的观点。

2001年，以原有场地的固定资产置换出8000万元建设资金，在松北新区投资兴建占地10万平方米的黑龙江省农机汽车大市场，一期工程投资1亿元，建有2座展示大厅、配件城、整机展场以及集办公、服务、培训、住宿、餐饮为一体的综合服务大楼，建筑面积4万平方米。

第三部曲——推行资源整合，实现流通业态创新，与国内外知名企业实行品牌专营或特许经营，大力开发品牌代理、品牌专卖、物流配送等现代营销方式，使公司由传统物资企业向现代物流企业转型，以高效节能的名优产品及快捷服务打造市场品牌，构建了发展新优势。

一是招商入驻配件城，丰满大市场提升形象。展示大厅、配件城实行功能分区，按品类区隔，吸引强势品牌入驻，通过提升管理与服务，规范化经营，保护经营者的权益，现已有238个厂家及业户进驻经营。二是开拓会展经济。2003年3月8日，东北地区农机展示交易会及大市场试营业剪彩隆重开幕，这是在自家场地所举办的第一次规模空前的盛会。2019年农机展，展场面积更是达到了5万平方米，汇集了国内外300多家企业参加，展出农业机械、畜牧机械、动力机械、工程机械、汽车等主机及配件产品近千个品种。接待国内外经销商家、科研单位、农机农技推广等部门来宾及广大农民消费者突破2万余人次，成交额约10亿元。至今已经连续举办了16届。年年创新高，吸引了国内外众多厂商前来参展，已成为省级农机展会之最，享誉国内外。

公司现已与国内外上百家生产企业建立了长期的贸易伙伴关系，同美国约翰·迪尔、凯斯纽荷兰、爱科，德国克拉斯，日本久保田，意大利马斯奇奥，国内的中国一拖、勇猛机械等几十家重点企业集团建立了总经销、总代理和物流业务，以大批发、大流通所形成的农机商品销售网络遍布辽宁、吉林、黑龙江省及内蒙古东北部地区。

公司全貌

在申佩怀领导下，企业历年来荣获全省百强企业、黑龙江省十大农资经营诚信市场、三星级文明诚信样板市场、平安市场和全国农机汽车机电产品十大市场、全国十大农机交易市场，并被授予全国唯一的农机示范市场，中国生产资料批发市场50强和推进流通现代化全国重点批发市场等光荣称号。

变革谋划　走上转型升级之路

当2010年发展到年销32.2亿元，企业也达到了全国农机流通行业排头兵的巅峰之后，却渐次走上了企业的销售收入和经济效益增长乏力的尴尬境地。

"一方面是'黄金十年'后全国农机市场的全面疲软，另一方面是企业传统的商业模式和管理模式的振兴乏力。"申佩怀道出了当时的市场环境。

他说，尽管企业"十二五"的经营业绩较"十一五"仅下降了3%。但进入"十三五"以来，经营业绩由于受整体经济形势影响，出现了下滑。特别是2015年以来，一直下滑到27.1%，这是10多年来很少见的，企业不得不开始深入思考经营模式、商业模式重构。

"当今世界在重塑，人类社会飞速发展，市场、自然界以及摩尔定律这3股主要力量正改变着这个世界；思想正以人类从未见过的方式流动、变化、加速和融合；电子商务、互联网、物联网、人工智能、大数据飞速发展和升级，使我们感受到创新的周期越来越短，学习和适应的时间越来越少，这就是间歇性失衡和持续性失衡之间的区别。"申佩怀阐述了自己的见解。

面对科技巨大变革、企业经济效益却连年滑坡的严峻形势，申佩怀感到领导力、统筹力日渐不足，正能量渐次减弱，于是便毅然投向了知识更新、智慧再造的新征程。

"在业界眼里，哈尔滨工业大学的EMBA更具有培养人才的优势。那里是学习先进管理理念、指引企业创新变革的平台，让大家学会以全球化思维引领企业创新发展的平台。"申佩怀说，事实证明，他的选择是正确的。

在这个平台中，导师的循循善诱、课堂的实战演练、学友的互相启发，让他常常有醍醐灌顶、豁然开朗、柳暗花明、别有洞天之感。

经过两年多的EMBA学习，他切身感受到了与众不同之处："这里是求智、悟道、修身、结缘的神圣殿堂。选择EMBA是为了改变生活方式、提高生命品质，是对事业、对人生的一次投资。引导他把过去的战略思维转化为网络思维，把竞争互损的思维转化为合作共赢的思维。"

"一个企业家的价值观和他如何提升自己的修为，决定了他的企业有没有未来。企业家自身的修为、训练、观念非常重要，他首先要具备帅才的领导素质和道德修养，然后才能带领企业往前走不摔跟头。"申佩怀说，观念的更新开启了他促进企业变革的大门，他开始全盘规划企业的发展战略。

第一步：加快从传统农机流通企业向现代农机综合服务商转型发展，从数量规模型向质量效益型转变。

面对巨变的农机市场，申佩怀开始了积极探索，并以中国农业机械流通协会副会长的身份前后3次到北京建言献策，力争在哈尔滨举办"2017年全国农机发展论坛"，共同研讨新常态下农机遇到的问题和今后的发展及对策。得到了时任农业部农机化司司长李伟国的关注，出席大会并做主题演讲，国家两院院士汪懋华、蒋亦元、罗锡文出席大会，中国农业机械流通协会会长毛洪主持会议，黑龙江省农业委员会主任王金会、副主任李连瑞等全国农机行业专家、学者、企业家、经理人近500人参加研讨。经过两天的会议研讨，大家最后达成共识，要坚定信心、抢抓机遇、创新服务、转型升级，加快从传统农机流通企业向现代农机综合服务商转型发展，从数量规模型向质量效益型转变。

申佩怀说："把握大势，理性认识并应对当前市场形势，既要有危机感，也要增强信心，挖掘新的热点和潜在机会，把防范风险、稳健经营放到突出的位置。"

申佩怀还认为，要考虑创新服务、创新商业模式、创新渠道，做好企业转型升级，增强发展新动能。要努力提供差异化服务、线上线下融合服务，在销售农机的同时为用户提供贷款、保险等金融服务以改变单纯贸易方式，或者直接为种粮大户提供社会化服务等。

第二步：作为传统行业的农业也已经开始了物联网技术的应用。农作物生长监测、农业装备作业监测、养殖环境和生物质监测、动植物体征识别、自动导航无人驾驶等各种物联网和人工智能技术在农业生产中的应用，正在推动农业生产方式发生巨大变革。

"经销服务企业与农业合作组织在现代农业生产和服务中，如何驾驭信息化工具、应用数字化设备，将影响和决定着未来农业发展的速度和质量。只有让信息科技、农业科技与未来的农业生产融为一体，才能确保农业这一传统领域不滞后于整个社会经济发展的速度和信息社会发展的潮流。"申佩怀如是说。

据他分析，经销服务企业只有及时掌握所销售装备的大数据，才能及时提供相应的配套服务，同时也能够充分了解产品和用户的实际运营情况；同样，农业合作组织在实现土地集约化经营的基础上，只有通过科学化种植、数字化管理、绿色化发展才能达到节本、增值、增效、增收的目的。

在这两三年里，申佩怀同农机360网、中国农业大学开展合作，联合研发搭建农机物联网管理平台、数字农业管理云平台，陆续推出了农机作业监控解决方案、农业生产全程数字化管理，推动了农业生产全程机械化与信息化的快速融合，进一步促进了农业机械化发展提档升级。为农业发展打开了一扇新的大门，成为推动农业现代化的新动能。

第三步：对农机市场进行搬迁改造、转型升级。由该公司独资兴建的黑龙江省汽车农机大市场，处于哈尔滨新区松北大道的核心承载区的门户地带，随着新区的定位和变化发展，近几年矛盾凸显，一是农机场地和经营活动有碍观瞻，影响新区一体发展核心腹地的具体规划；二是阻碍交通、影响城市管理，其经营车辆乱停乱靠，经常造成松北大道主干交通阻塞。

因此，申佩怀毅然决定易址搬迁，以省农机公司为支点，在政府的支持下，撬动松北大道沿路三百多家农机企业整体搬迁，至乐业镇另行辟建拟占地50万平方米、投资16亿元的"黑龙江省农业装备园区"。

据介绍，该园区业务模块为：一是要素聚集产品对接，打造种子、化肥、农药、农机等农业生产资料要素聚集的新载体，生产要素聚集、经营主体聚集、创新创业聚集、全产业服务、云交易服务、金融服务、中俄农业服务聚集的产业群；二是农事服务全程托管，生产过程全托管，如代耕代播、代收代储、气象监测、土壤检测、驾驶培训、农机作业、植保技术、遥感技术、土壤修复、环境保护等等；三是金融支持合作共赢，提供全产业链金融服务，如产业基金、产业保险、供应链金融、消费金融、互联网金融等服务。

"这是需要几年才能逐渐发展、丰满起来的伟大事业，这是申佩怀通过EMBA进修深造所开启智慧天窗的一种思想的升华、概念的升华，更是一种战略的升华。"申佩怀的改革得到了业内人士的一致认可。

"传统应该尊重，但绝不意味着一成不变。没有变革就没有创新，没有创新就没有进步。人类的进步，就是在一个个颠覆传统的转型升级中实现的。"申佩怀说。

诚然，改革就是一场利益的变革，既是艰苦的也是漫长的，绝非一蹴而就、一试就立竿见影的。

"读书学习，就是为了在时代瞬息万变的大变革中，你始终能跟上社会前进的步伐而不落伍；就是为了让你成为一个有温度、懂情趣、会思考的人；就是为了让你在跌宕起伏的生活中，拥有处变不惊的内心。"申佩怀阐述着自己独特的见解。

"畅想未来，向新的领域远征。这是一次思想观念的变革、心路历程的再造和人生意义的重塑，是又一次充满风险、艰苦卓绝的转型升级之路，没有什么能阻挡，我会继续带领大家砥砺前行。"申佩怀坚定地说。

黑龙江省哈尔滨新区现代农业产业园（即"黑龙江省农业装备园区"）已被上级部门批准列为2020年哈尔滨新区重点产业项目。今春即将开工建设，投资10亿元，占地面积50万平方米，总建筑面积16.1万平方米的历史性项目，不久的将来一个引领中国农业现代装备的产业园区正呼之欲出，将为我省现代化农业提供强有力的服务支撑。

箭已上弓，开弓没有回头箭！

哈工大的 EMBA 人　滕　博
HAGONGDA DE EMBA REN

HARBIN INSTITUTE OF TECHNOLOGY

　　滕博，2004年毕业于牡丹江市教育学院音乐教育系，2011年进入哈尔滨师范大学舞蹈编导专业学习，并于2013年毕业。哈工大EMBA班在读。她曾就任于英皇体育舞蹈学校，现任哈尔滨华艺舞蹈艺术中等职业学校校长，并就任世界舞蹈总会国际评审、黑龙江省国际标准舞总会副秘书长、哈尔滨市体育舞蹈协会副主席。曾先后获得国际标准舞事业知名教育专家、哈尔滨市教育系统先进工作者等荣誉称号。2016年在哈尔滨市教育系统"做党和人民满意的好老师"主题教育实践活动中荣获"身边好校长"标兵称号。她指导的作品《红高粱》荣获由中国舞蹈家协会及东北三省文联主办的"第三届东北三省舞蹈展演"职业组一等奖；荣获由黑龙江省文联、黑龙江省舞协主办的"2017黑龙江省舞蹈大赛"职业组金奖；荣获2018年国家艺术基金奖，是国家艺术基金黑龙江省唯一立项的小型舞蹈作品。

塑德造艺　舞动美育人生
——记哈尔滨市华艺舞蹈艺术中等职业学校校长滕博

结缘哈工大　开启事业新纪元

千秋邈矣独留我，百战归来再读书。和大多数在商场打拼多年的成功企业家一样，对于经营管理学校多年的滕博来说，将工作和生活的时间压缩，清空自己曾经获得的种种成就，抱着"空杯"心态走进国内知名学府进行深造，无疑需要巨大的勇气和面对挑战的从容。2016年10月，她下定决心，满怀憧憬地走进了哈工大的校门，在这所百年名校进行了为期两年的EMBA课程深造学习。

由滕博参与编创的拉丁舞剧《红高粱》

"规格严格，功夫到家"——哈工大百年校训深深地镌刻在她的心中，也作为一种坚实的信念引领她躬耕在哈工大EMBA的课堂上。通过学习国际一流的商学院课程，借鉴国内外前沿的管理模式，滕博在教育观念和管理理念上有了全新的领悟和显著的提高，她不仅对哈尔滨市华艺舞蹈艺术中等职业学校（以下简称华艺舞校）的未来发展有了更加明晰的规划思路，也更加坚定了对中国艺术教育事业发展的责任担当。

广结益友、共筑成长，滕博通过EMBA联合会等交流平台，结交了不少志同道合的企业家朋友。大家虽属不同领域，但通过共同学习研讨、沟通交流，汇聚思想的力量，践行科学的方法论，使得学校逐步驶向国际领先的美育快车道。

潜心钻研　舞动艺术人生

春风化雨，春华秋实。在舞蹈方面极富灵性的滕博，从小就展露出极

2017年3月23日，时任黑龙江省省长陆昊，华艺舞校董事长李登有、校长滕博在学校综合楼大厅合影

高的舞蹈天分。翻开她并不丰富的履历，近四十年的人生经历，一直都在与舞蹈艺术相伴而行。舞蹈，似乎注定要成为她伴随一生的灵魂归宿。

2011年，滕博选择到哈尔滨师范大学舞蹈编导专业继续学习进修。在此期间，她学习了最前沿的舞蹈理论知识，积累了深厚的舞蹈艺术功底，为舞蹈教育升级打下了坚实的基础。在继承传统舞蹈教学经验的基础上，秉持着对舞蹈教育高度负责的精神，她对舞蹈教学与创作积极探索、不断创新，并取得了突出成果，成绩斐然。

华艺舞校是经哈尔滨市教育局批准、黑龙江省教育厅备案的国家计划内统一招生的全日制中等专业学校。作为一所高品位、有特色、国际化的专业舞蹈学校，凭借一流的教学质量和严格的管理制度，赢得了广大学生、家长和社会各界的高度认可，吸引了全国各地的学子不远千里慕名求学，是国内最具规模、最具实力的专业舞蹈学校之一。滕博作为华艺舞校的创办人，十五年来脚踏实地、艰苦创业，使得华艺舞校从七八名学生发展成为500多

"华艺杯"中国·哈尔滨国际体育舞蹈（国际标准舞）公开赛比赛现场

名学生的舞蹈艺术类品牌院校。2017年3月23日，省长陆昊带领省、市各级领导到华艺舞校进行视察调研，对华艺舞校在黑龙江省教育、文化、体育及旅游经济发展方面取得的成绩和做出的特殊贡献给予了高度评价和充分认可。哈尔滨市市长孙喆、宋希斌，副市长张显友、陈远飞等各级领导也分别多次亲临华艺舞校视察指导工作。

在任校长期间，她爱岗敬业、无私奉献，立足社会、热心公益，全情投入到学校的发展壮大中，建立健全学校的各项制度，狠抓教学管理，着力于学生的社会实践和就业情况。学校为社会培养输送了大量舞蹈人才，学生先后在全国乃至国际舞蹈大赛中荣获冠、亚军等三百余个奖项，多人进入国家队。毕业生成功开办了近百家舞蹈学校，不仅为社会分担了就业这一紧要问题，也在一定程度上提升了全民的身体素质和文化艺术修养。

塑德造艺　传承美育精品

君子之所以教者五：有如时雨化之者，有成德者，有达财者，有答问者，有私淑艾者。秉承着"文舞相融、德艺双馨"的培养目标，滕博对华艺舞校的舞蹈专业人才提出了文化和舞蹈相融合、品德和艺术并重的要求。她始终坚信，没有高尚的品德无法成就从技术向艺术的升华。

舞蹈是艺术之母，美育更是一项"润物细无声"的事业，而美育的终极目标是为了完善人格。对于舞蹈的教育教学，除了完成技艺的教学外，更多的是让学生们的人格更加完善，这与蔡元培先生在20世纪初所讲到美育的道理是一样的。而当今社会，一些人认为跳舞仅仅是因为好看而已，其实，这种观点是浅薄的。所以，在舞蹈教育中，她更注重学生舞蹈潜能的开发，着重实践舞蹈美育的方法。培养学生学会艺术创作的方法、领会审视艺术、欣赏艺术的方法。她认为只有这样，才能使学生真正地理解服饰美、肢体美、舞蹈美，打开学生充分感知世界的途径，让学生能够准确地欣赏美、体会美、珍视美、升华灵魂之美。将精湛的舞蹈技艺与崇高的灵魂相契合，体现当代舞者之大美。

　　滕博把全部的精力用在了舞蹈教育事业上，把全部的爱心献给了自己的学生。用肢体示范，用语言开导，用爱心感化，用奉献扶助。2007年深秋，学校接收了一名叫史秋捡的学生，他母亲过度的谦恭使滕博不得不答应收下这个神态有些异常的学生。这个孩子不说话，舞蹈动作总是慢半拍，因为他是一个聋哑孩子。听不见音乐怎么能学会舞蹈，更不可能学好舞蹈。滕博对这个特殊的孩子精心呵护、关怀备至，沟通有障碍，就发短信、写纸条；学习有困难，就给配一名优秀舞伴；生活有困难，就深入寝室和食堂帮助他；情绪有变化，就及时找他谈心排除心理障碍。滕博为史秋捡不知额外付出了多少心血，后来得知他是养母从南岗客运站捡来的弃儿，决定免收他的学费。滕博克服了常人难以想象的困难，帮助秋捡逐渐提升学习成绩，达到了和正常孩子一样的标准。2010年6月，滕博破格推荐史秋捡参加中国哈尔滨第三届"剑桥杯"国际舞蹈公开赛，秋捡发挥出色，精彩的表演获得了阵阵掌声。当主持人向全体观众介绍这是个聋哑的孩子没有听觉时，台下再次响起雷鸣般的掌声，滕博的泪水也夺眶而出！就在这个舞台上，在立秋捡来的聋哑弃儿出名了！哈尔滨电视台、黑龙江电视台、中央电视台6频道、中央电视台10频道纷纷采访报道，秋捡还受邀参加了"中国梦想秀""舞出我人生""向幸福出发"等节目，后来在国家举办的几次舞蹈大赛上均获得大奖，并成长为一名优秀的舞蹈教师和演员。

扬帆奋进　鼎力职教发展

　　栉风沐雨，砥砺前行，十五载风雨兼程。在多年来的不断努力下，华艺舞校不断获得殊荣，先后被评为省舞蹈工作先进单位、哈尔滨知名教育机构、哈尔滨市重点紧缺专业建设学校、哈尔滨市校企合作联合办学先进单位、哈尔滨市中职院校优秀实训基地等。由华艺舞校承办的每年一届的"华艺杯"中国哈尔滨国际标准舞国际公开赛已成为东北地区品牌最好、影响力最大的国际大型舞蹈赛事之一，每年有来自世界各地的数百位顶尖舞者同台竞技，可以说是国内独树一帜的舞蹈盛宴。在 2016 年和 2017 年两届中国哈尔滨"华艺杯"国际标准舞国际公开赛举办期间，省长陆昊三次莅临比赛现场视察。市长宋希斌在开幕式上亲自颁发了"特殊贡献奖"奖杯，用以表彰华艺舞校对哈尔滨体育旅游经济发展和音乐之城建设做出的特殊贡献。"华艺杯"大赛已被列为哈尔滨国际动漫周重点项目、迷人的哈尔滨之夏重点项目、黑龙江省体育产业示范项目，被列入 2017 年省政府工作报告，被国家旅游局、国家体育总局评定为 2017、2018 年国家级体育旅游精品赛事，也是我省唯一入选和唯一蝉联两届的赛事，2019 年又被升格评选为"中国十佳精品赛事"。每年赛事到会总人数都达到了 2 万人，吸引了世界各地众多的选手、游客云集哈尔滨，在提升哈尔滨国际大都市的文化品位、国际知名度和影响力方面做出了重要贡献，也为哈尔滨旅游经济的发展做出了重要贡献。与此同时，学校多年来参加哈夏会、国际动漫周、湿地旅游节、冰雪节、全运会等大型文艺演出及社会公益活动，更加全面地助力哈尔滨体育舞蹈事业的发展。2019 年 3 月 26 日，哈尔滨市市长孙喆亲临华艺舞校调研考察，对学校办学和组织"华艺杯"国际舞蹈大赛取得的优异成绩给予了高度认可，对学校未来发展、高标准办好"华艺杯"国际舞蹈大赛和利用"华艺"驰名品牌多元化发展哈尔滨市文旅产业寄予了更高期望。同年，在上海举行的第十二届中国艺术节、第十八届"群星奖"颁奖盛典上，由华艺舞校创编的拉丁舞《红高粱》荣获了中国文化艺术政府最高奖"群星奖"且名列榜首。这是黑龙江省十五年来首次获得舞蹈"群星奖",也是我国首次且唯一获此殊荣的拉丁舞。

随着华艺舞校的发展壮大,滕博将带领华艺舞校全体同仁立足于黑龙江省文化艺术产业建设,将职教思想基本原理与社会不断变化的职教发展形势相结合,不断更新教育理念和管理方式,以世界一流舞校为标准,为全国舞蹈事业培养高、精、尖的艺术人才,把学校建设成为更高品质、更有特色、更国际化的世界一流舞蹈殿堂。

根据《国家教育事业发展"十三五"规划》及《国家职业教育改革实施方案》的主要方针指引,职业教育越来越受到国家的重视,作为职业教育人的责任也愈加重大,职业教育不仅仅是对国民素质的保障,更加关系到国家的前途和命运。无论是对舞蹈艺术的追求,还是对人生目标的把握;无论是对传道授业的精益,还是对社会责任的践行,滕博始终努力着、奋斗着、探索着、实践着。

雄关漫道真如铁,而今迈步从头越,我们期待滕博带领着哈尔滨市华艺舞蹈艺术中等职业学校迈向辉煌,全力打造国际一流的专业舞蹈学校。

滕博与哈尔滨市华艺舞蹈艺术中等职业学校毕业生合影

哈工大的 EMBA 人

郭丽娜
HAGONGDA DE EMBA REN

HARBIN INSTITUTE OF TECHNOLOGY

郭丽娜毕业于吉林大学生物制药专业，哈尔滨工业大学工商管理学院硕士在读，国家一级人力资源师。

2004年开始从事医药行业创业；2010—2016年期间，任职快消品行业人力资源经理、上市科技企业人力资源总监；2016年以职业经理人身份担任苏州英格玛集团哈尔滨分公司总经理。2018年荣获"哈尔滨市人力资源服务协会先进个人""哈尔滨巾帼女企业家"等荣誉称号。

深耕家乡人才市场
在追梦中砥砺远航

——记苏州英格玛集团哈尔滨分公司总经理**郭丽娜**

初见，成熟、温暖、健谈、大方爽利，谈起自己的工作和团队光芒四射。那种光芒不刺眼，特别能感染人，让你看到的是一个为事业努力奋斗、童心未泯的女子。

新程·初涉人才市场

2004年，郭丽娜和同期的年轻人一样从校门步入了社会的大门，可不一样的是她没有选择一份安逸稳定的工作，而是选择了自己创业。在当时，这一行为比较另类，来自父母、师长、朋友的种种不理解、不支持确实让她懊恼了一段时间。但是，这一切都没有改变她的初心。凭着"初生牛犊"的那股子勇气，她毅然决然地踏上了医药行业的创业之路。

郭丽娜参加2017年最佳雇主全国巡回论坛哈尔滨站

然而，现实是残酷的！等待她的是无数的坎坷、无数的失败。回忆起那段经历，她感慨万千。"就像一个初学滑冰的小朋友，对冰面的感觉很一般，腿部的力量也不足以支撑身体的重量，更没有任何技巧可言，摔跟头是必然的，甚至摔得很痛很痛。"摔倒，站起来！再倒下，再起来！说实话，她有些灰心，同时也开始了理性的思考。"创业真的不能单凭勇气，更不能靠运气，而应聚真气！"于是，她决定安静下来，沉淀自己，厚积薄发。2010年，在药品行业创业打拼多年的郭丽娜，在经历事业"滑铁卢"的阵痛后，毅然整装再出发，走上打工路——从一家企业的基层销售做起。精力充沛、擅长与人沟通的她，很快找到了自己新的定位——人力资源管理。

初入人力资源行业，郭丽娜并没有意识到自己正处在一个怎样的时代浪潮之中。吮吸着无数次"跌跟头"给自己带来的营养，郭丽娜开始冷静地观察这个社会，品味人力资源市场的生存法则。高速发展的中国经济，社会分工日趋精细化，人力资源市场的细化服务成了企业对人才需求的"痛点"。她意识到这是一个充满希望和前景的职业。从不服输的她决定不仅要成为这个行业的行家，还要成为专家。带着这个目标，不甘于平凡的郭丽娜再拾课本，从"零"学起。

梦想·从哈工大起航

"哈工大是我人生的一个重要转折点。'规格严格，功夫到家'的哈工大校训更是深刻地影响着我。"回忆起在哈工大EMBA班学习的经历时，郭丽娜感慨道。每一位老师都是行业内的专家，先进的理念、开阔的视野、渊博的知识、循循善诱的教学方法，让人醍醐灌顶、茅塞顿开。同学们也都是来自各行各业的精英，分享成功、交流失败、互相鼓励，更是一次不可或缺的学习机会。在这样一个群体氛围中，她不仅汲取了知识、丰厚了内功,也再次唤醒了那颗"不安分的心"。

"机会总是留给有准备的人。"在哈工大学习人力资源管理课程时,老师讲道:"人是生产力诸多因素中最活跃的,对企业的发展来说也是最关键的,相比较发达

2017年最佳雇主论坛战略合作伙伴

地区的人力资源市场,龙江很落后,差距很大,但蕴含的机遇和潜力也更大。"一句普通的话语,让郭丽娜灵光乍现。

果断麻利、雷厉风行,这次郭丽娜抓住了机遇,她很快选择了当时在全国人力资源管理行业处于领跑位置的苏州英格玛集团开展合作,引入更先进的人力资源管理模式和理念。2016年,她出任苏州英格玛集团哈尔滨分公司总经理。业内人士曾评价说,当时黑龙江省有几千家同类人力资源企业,很多处于低版本运行,引入苏州英格玛集团带来的改变,相当于一下子从V1.0跃到V5.0。

机遇·企业"痛点"是突破口

"外来的模式,怎么结合当地特色?"升级版人力资源管理模式的引入不是一帆风顺的。面对疑问声,怎样开启自己的职业梦想?怎样开展行业"深耕",变粗放管理为精细管理?怎样把引入的先进人力资源管理资源本

2018年获得人力资源服务协会最佳合作伙伴

土化？一道道难题摆在郭丽娜面前。

在大量的调研论证后郭丽娜发现，南北方人口密度不同、产业结构不同，经济布局更是迥异，相比南方第三产业的发达状况，黑龙江的定位则是农业大省、老工业基地、中国粮仓，第三产业并不占主导地位。带来的问题就是：龙江企业更趋向于较保守的态势，很多企业都不接受"外人"，能自己做一定不会外包。管理意识的缺失带来的是专业人才的缺失，企业发展缓慢、停滞，甚至只能局限在东北地区发展，很难走出去。

很多家乡企业经营者已感受到人才危机，往往是有项目、有资金、有市场，可就是找不到能把项目运作起来的人才。一些企业是没能力、没时间培养人才，更不愿意投入金钱或者时间成本培养人才。有的企业也开展内训，试图改变局面，但效果达不到预期。郭丽娜正是敏锐地抓住了企业缺少人才的这个"痛点"，及时推出人力资源"外脑"解决方案，打了几场漂亮的翻身仗。

一次，一家加工型企业找到她，这家企业当时在所在地区的市场占有

天坤国际董事长王云雷、人力资源与社会保障部劳动科学研究所劳动争议研究室主任李天国博士及苏州英格玛集团哈尔滨分公司总经理郭丽娜合影

率达到70%，刚刚取得政府支持，划拨了土地让其扩大经营，可就是缺乏能用的人才，从管理岗位到基层工人多处空岗。接手之后，郭丽娜着手组成项目组，对这家生产加工型企业的产供销环节进行会诊，将产品研发、生产流程、市场销售、装配物流全部环节模块化管理，从点到线，环环查找业务链中存在的问题，提供人力资源管理的解决方案。仅一年的时间，环节梳理清楚了，企业得到了长足发展。

"我们的工作更像一种培训的实操，就是我来做，你来看来学，教练管理模式，像带徒弟一样。"对企业来说是一种服务外包模式，由人力资源公司操刀，为企业植入现代生产管理理念、工作模式和标准。2016年，郭丽娜的团队又为我省一家大型食品企业集团提供了一次这样的外包服务。当公司入驻时，车间里裙带关系复杂、人心涣散、绩效水平偏低等问题层出不穷。郭丽娜的团队从人才引进入手，对企业的薪资待遇、现场管理等一系列问题进行重新整合，重塑核心凝聚力。不到半年时间，企业生产线重新焕发活力，产量按预期指标爬升，生产量增幅50%，工人薪资也提升35%，达到了共赢的目的。

定位·干好两件事

"谁言寸草心，报得三春晖。"在行业内小有名气之后，郭丽娜也收到了南方同行的诚邀加盟。她只说了一句话，"我的家在这儿"。

"深耕家乡人才市场，为振兴家乡出力。"这是郭丽娜一直以来的职业梦想，更是龙江人不变的情怀。

近年来，省委省政府高度重视人才工作，出台政策，吸引和鼓励更多优秀人才留省就业创业。特别是对人力资源企业的支持，更增强了郭丽娜的信心。龙江经济社会发展需要人才，龙江企业更加需要人才，而人才又从哪里来？郭丽娜心里是有谱的，她说："只要我们干好两件事，未来家乡的人才会越来越多。"

第一件事，找到回流的人才。郭丽娜谈到，都说东北人才市场存在外流问题，可她却看到了不同之处，那些几年前走出去的人，正在变成人才回到家乡。近几年，随着北上广深等一线城市房价上涨，也带来了物价上涨，在那里的生活成本也在成倍增长，生存与落脚变得更加艰辛。一些在外省打拼了几年的人学习了本领、丰富了经验，正带着这样的资源回到家乡，这对家乡的人才市场必然是个好消息。而她要做的就是找到他们、开发他们，发挥他们的价值和能力。她的团队就首先集聚了好几位这样的"回流人才"。

第二件事，教好那些年轻人。郭丽娜发现，很多刚从校门走出来的职场新人普遍存在的共性问题是对未来职业生涯的迷茫。工作的头三年，是大学生离职率最高的一个时段。最极端的一个例子就是，她曾经遇到一个毕业生，翻开简历一看，服务员、物流分拣员、门店销售……这个孩子在3个月的时间里居然换了十几份工作，一直在基础岗位上流动，且岗位之间没有关联，很多都是跨行业的，始终找不到自己的位置。

哈工大 EMBA 小组成员学习杨杜老师的《卓越领导力实战演习》

面对这一情况，郭丽娜把自己的人才资源重心作为一种前置培训放在了学校，与黑龙江东方学院、哈尔滨学院等高校深度合作，开展公益性职前培训。说起对职场新人的就业指导，郭丽娜的语气像是一个大姐姐或者说更像是一位母亲，真心为这些孩子着急。就业指导，不走形式，不玩花架子，而是真正地将人才培养与企业实际需求相结合，把不同类型的大学生区分开，根据不同情况分类指导。对如何应对面试，走的都是实操的路子，学生很受用，学校很欢迎。

"落日无边江不尽，此身此日更须忙。"未来的路很长，也一定充满艰辛。提高自己、修炼自己，开拓事业，助力家乡经济振兴，助力大学生就业创业，助力企业发展。郭丽娜觉得，这才应该是她砥砺前行的最大梦想！

哈工大的 EMBA 人　杭洪波
HAGONGDA DE EMBA REN

杭洪波，2007年毕业于哈尔滨工业大学自动化专业，2011级MBA，2016级EMBA，黑龙江龙珍汇电子商务有限公司董事长，黑龙江省哈米智造科技有限责任公司CEO。黑龙江省电商联盟副理事长，哈尔滨市引进人才，哈工大MBA联合会秘书长，哈尔滨工业大学创业导师。杭洪波曾获全国MBA成就奖、全国MBA领军人物、全国EMBA卓越贡献奖等荣誉。多年来，杭洪波秉承"规格严格，功夫到家"的精神，带领团队荟萃龙江珍品，以"让天下人吃得更好"为使命，致力于我国主粮升级产品——胚芽米的开发和推广，团队研发的胚芽米智能加工装备技术水平达到国际一流，填补国内技术空白，采用"公司+基地+农户"的方式，帮助贫困户精准脱贫，引领行业创新模式，团队开发的安全食品可信溯源系统也为消费者提供了更好的食品安全保障，为国人健康升级和推进食品安全贡献力量。

小米粒上做航天级的大文章

——记黑龙江龙珍汇电子商务有限公司董事长杭洪波

飞鸟振翅腾空才有翱翔的空间，游鱼潜水才能畅快呼吸，人只有找到属于自己的那份事业，才能更好地实现价值。说到做自己喜欢的事业，黑龙江龙珍汇电子商务公司的 CEO 杭洪波有太多要说的话。他涉足过很多领域，做过很多次抉择，无数次的大胆尝试和全力以赴，让他愈加明白自己内心渴望的追求，也让他的脚步愈加坚定与踏实。在哈工大 EMBA 的学习经历，更为他追逐梦想的道路亮起指引的明灯。

绕树三匝　坚定方向

毕业于哈尔滨工业大学航天学院的杭洪波，没有像他的大多数同学一样，从事于研究火箭、卫星等的航天事业，却将自己的全部身心投入食品行业。他希望在这样一个和每个人的日常生活息息相关的产业中，也能做出航天级的成绩，让人们吃到航天级的高品质食品。

十多年前，刚走出哈工大校门的杭洪波曾在一家国企工作。后来，不甘于此的他和朋友投入在线教育行业中，成为省内的佼佼者。随后，他又在软件开发上一展身手，赢得了良好的业内口碑和不菲的经济利益。

但最终，他还是选择了现在的事业——龙珍汇电商平台。"我渴望挑战，希望能做一些更有成就感的事,我想为黑龙江这片肥沃的土壤做些更有意义的事。为龙江人乃至全国人汇集龙江珍品,这正是我们品牌的含义。"

龙珍汇电商平台目前上线的有来自响水的石板有机活米——源自唐朝的贡米,顶级核心小产区的民乐村大米——五常大米中的精品,有八千年历史、来自世界小米发源地的传统手工工艺种植的敖汉小米,还有小兴安岭的蓝莓系列和长白山的野生人参等高品质营养食品。

有机基地脱粒现场

这份事业起源于一次同学聚会。毕业近十年时,杭洪波受邀去北京参加聚会。他想给老同学带些黑龙江土特产做伴手礼——五常大米、黑木耳和榛蘑成为首选。由于同学家有小孩子,他想给孩子买一份上好的粥米。可是,当他兴冲冲地一头扎进土特产市场采购时却遇到了难题:从3元一斤到30元一斤的大米,都叫正宗五常大米,纯天然有机又好吃。"买便宜的,会不会遇到假冒五常大米?买贵的,会不会被坑钱?我一下子就蒙了。还有我想买让人放心的给小孩子吃的粥米,更是遍寻不着。"

这次土特产采购的经历,给杭洪波留下了深刻的印象。同时,地沟油、陈化粮等食品行业的安全问题也正成为社会关注的热点。脑筋灵活的杭洪波开始着眼食品行业,他觉得可以在这个领域大显身手。

披荆斩棘　开辟事业

因为经历了采购东北特产的"两眼一抹黑",杭洪波产生了这样一个想法:"能不能搭建一个平台,上面都是最纯正的土特产,不但知道它的品牌和产地，通过扫码还能看到制种、播种、浇水、除草、施肥、捉虫、收割、脱粒、运输等一系列生产加工过程。"杭洪波立即将这个想法讲给了同学们。经过探讨，大家都觉得项目可行，既有良好的发展前景，又能充分发挥自身才智，还能实现他们的小情怀——通过技术服务生活、改变生活。

2015年年末，龙珍汇电子商务公司正式注册。一群工科技术男，怀揣着梦想，决定用电子商务平台开启新时代、创造新生活。然而创业之初遇到的种种艰难可想而知。首先，杭洪波要自掏腰包，垫付公司及员工的各种开销。

"钱还是小事，没日没夜地钻山沟，才是最磨人的。"杭洪波说，我省最纯天然的有机农产品的原产地，很多都在一些边远村屯，甚至是道路崎岖的山沟里。他们为了推广平台，每天起得比太阳还早，常常天黑之后才能踏上归程。很多时候，他和小伙伴们都是在车里用面包、零食充饥。"虽然那时很苦，但是让我们团队的心贴得更紧了，凝聚力更强了，一切都值得。"

这是一条没有人走过的路，一切都要靠杭洪波和同事们自己来开拓。尽管他们向当地村民们费尽口舌，并且承诺不收费，但还是有村民不理解，为什么只是把产品挂在电子商务平台上，就能卖到哈尔滨，甚至是北京、上海。为此，杭洪波不得不分出精力，与母校哈工大联合推出电子商务大讲堂，来做相关培训和科普。这个大讲堂每两三个月举行一期，每一期都有近百名学员，累计培训了三千余人。

"我办这个讲堂，不仅仅是为了推广电子商务平台，更是为了培养相关人才，推动家乡高品质农产品电子商务发展。"

从零到一　不忘创新

杭洪波的团队还致力于实现"互联网+"农业、"互联网+"牧业的普及，除了可以跟踪农产品从种子到餐桌的整个流程，还可以对牧业进行"互联网+"控制,比如监测畜舍的温度、湿度、二氧化碳浓度,通过传感器将数据传回总服务器,再根据总服务器预先设定的参数进行自动调节。这些技术不但可以让消费者放心,还可以让生产者享受到极大便利。也由此,安全食品可信溯源系统被立为哈尔滨市重点项目,受到了多方的好评与支持。

合作的人越来越多,产品销路越来越宽,平台越来越完善,杭洪波的事业正在不断蓬勃发展。甚至在省领导视察哈工大创业园时,都对龙珍汇利用"互联网+"推广绿色有机产品的做法大加赞赏。这不仅极大地鼓舞了公司每一个人,也让杭洪波相信,这一次的选择没有错。

做电商的过程中,杭洪波还遇到了一个问题——如何制造好的产品。正如省领导来他公司调研时所说,既要种得好又要卖得好,这不仅需要电商线上的大力推广,更需要产品本质优良。团队经过多方调研,了解到在日本、

中国自然资源部党组书记、部长,黑龙江省原省长陆昊来公司调研

韩国非常流行胚芽米,这种米能最大程度保留营养。他们便想将这项先进技术引进国内,可是在引进了日本设备后,他们发现用这种设备来研磨中国的长粒米,留胚率很低,效果非常不好。

杭洪波决定自主研发胚芽米的技术。他的学霸团队汇集了6位博士、7位硕士,同时还联合了哈工大的专家、教授,共同踏上了漫长的研发之路。从零到一的突破,总是布满荆棘,大家共同研究共同努力,不断地实验,不

断地失败，又不断地吸取经验再接再厉。怎么提高留胚率？怎么做到精准研磨？他们攻克了一个又一个难关，最终突破胚芽米精准碾磨技术瓶颈，获得了20余项发明专利和实用新型专利授权，其中智能大产能留胚米机技术填补了国内技术空白，智能碾磨不同分度胚芽米，碾米效果在留胚率和胚芽完整度上领先国际水平。

自主发明专利证书

他们将磨制好的胚芽米做成品鉴装推出，投放效果良好。经过研发技术磨出的胚芽米，比精白米的营养更丰富全面，口感上更有嚼劲，能够满足人们对健康、对味道、对品质的多重追求。同时，他们还成立了黑龙江省哈米智造有限公司，进行胚芽米的加工生产、市场推广。还通过智能活米精控系统让传统米业提档升级，利用新技术达到更好的品质，以满足如今人们"吃饱又吃好"的高层次消费需求。

胚芽米相关技术的成功研发，其实与杭洪波学的航天专业有着密不可分的关系，在大大的航天器上做文章，在小小的米粒上下功夫，都讲究"精准控制"。将搞航天的思维与理念

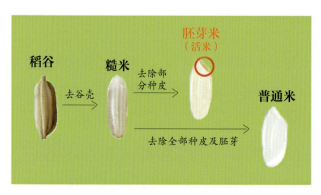

胚芽米与普通米的区别

应用在大米上，正是杭洪波这样一个跨专业人才的优势的体现，也是哈工大出品的学霸团队对校训"规格严格，功夫到家"的执着追求。

兼收并蓄　追逐梦想

如今，杭洪波的公司拥有近万亩的高品质食品基地，也成功带领了数千名农户脱贫，他们多次推动了技术上的更新换代，打造了新模式、新系统，给传统农业和食品业带来焕然一新的面貌。

回顾自己这一路的艰辛与成就，杭洪波总提及是母校给予他的培养和支持让他走到现在。其中，哈工大EMBA的精英教育模式更是让他从理工科人才转向兼具本专业素养和高级管理能力的复合型人才。在EMBA学习期间，注重实践、交流、分享、合作的课程，老师在学识上的专业性和眼界的高瞻性，同学的丰富阅历和经验，都让他受益匪浅，也让他在审视和规划自己的事业时，有了更多的新想法、新思路。他也正以自己的实际行动向成为"具有广阔国际视野、卓越领导才能、强烈创新意识和高度社会责任感的高级管理人才"的目标靠拢。

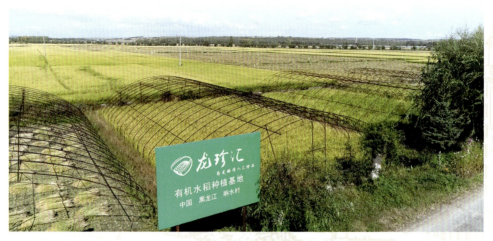

响水贡米水稻基地

"我们会一直坚守创办龙珍汇的理念和宗旨。未来,我们不仅要在国内推广黑龙江土特产,还要向国际市场推进,让人们都了解黑龙江是一片美丽富饶的黑土地,这里的人们勤劳而又勇敢,这里的高品质农产品美味又营养。"

在了解到杭洪波的故事之前,你很难想象一个人是这么的能"折腾"。他先放弃了外人眼中的"铁饭碗"——国企岗位,又放弃了别人羡慕的收入颇丰的事业——软件开发,在而立之年,将精力投放到新的事业中,这完全可以用"疯狂"来形容。如今,他的事业蒸蒸日上,他在"爱折腾"的同时,也将自己骨子里的韧性与耐性发挥到极限,将哈工大人创新科研与埋头苦干的特质做到极致。让他在这条所热爱且愿意为之无怨无悔付出的道路上,开拓了一片属于自己的蓝天。

哈工大的 EMBA 人　刘剑飞
HAGONGDA DE EMBA REN

　　刘剑飞，毕业于哈尔滨师范大学音乐教育系，本科学历，2016年考入哈尔滨工业大学管理学院 EMBA，并于2018年顺利毕业。2000年加入保险行业，从保险业务员做起，一步步从保险代理人华丽转身为内勤管理者。历任平安人寿佳木斯中心支公司总经理、百年人寿大连分公司副总经理等职务。2014年担任百年人寿黑龙江分公司总经理至今，带领分公司创造多个总公司系统纪录，个人连续多年被评为优秀经理，更获得寿险大师、卓越保险经理人等多项荣誉。

怀有至拙之心的保险实干家

——记百年人寿保险股份有限公司黑龙江分公司总经理刘剑飞

在这个商业时代,每个人都渴望成功,渴望得到利益。但成功绝对不是单纯的利益叠加和无尽索取,而是要在大环境中懂得利益的取舍,知进退。在这个高速发展的时代,表面上看,每个人都希望自己变得更聪明,可以运用技巧和捷径绕开弯路,事半功倍。可刘剑飞却一直喜欢"拙、诚"二字,不论是工作还是生活,都踏踏实实地下着他的"笨功夫"。

结缘哈工大

提起攻读 EMBA 这件事儿,刘剑飞从不隐晦他对知识的渴求,他总是说虽然已经做了近二十年的管理者,但一直都是靠感觉摸着石头过河,用实践来检验实践,带团队不仅要抓业绩,更需要重视团队的健康发展。企业以前或许是靠机遇发展起来的,而现在的市场环境发生了诸多变化,通过 EMBA 的学习提升自己的理论知识,才能更好地明确企业发展的方向,为企业发展带好头,增强企业内功。如果能用前沿的管理理论指导实践、应用于实践并改良实践,这无疑是管理者最渴望的。

2016 年,秉持着对哈工大的热爱,满怀着对管理学前沿知识的憧憬与向往,刘剑飞踏进了哈工大 EMBA 的课堂。在这里,不仅能提升自我,拓宽思维和视野，更能学习到系统商业新知，掌握与客户、供应商、投资人、媒体等各利益相关者沟通的模式。尤其是 EMBA 授课的教授们，不仅是学术界的泰斗，更能将理论知识与学员企业实践有机结合，讲课内容极富启发性，往往能一语点破学员们多年未解的心结。刘剑飞十分珍视每次上课的机会，无论平时工作多忙，都会坚持去学校听课，积极参与学校活动。他加入戈友俱乐部中，体验极限运动的洗礼，俱乐部中的戈友们不仅是同学更是战友，是一起挑战极限、感悟生命的兄弟。每每提到哈工大，刘剑飞总是饱含深情，感慨万千。对于哈工大，他毫不吝惜溢美之词，这个被称为哈尔滨之光的最高学府，不仅拥有着高科技最前沿的荣光，更饱含着浓浓的人文情怀。

小城市的大胸怀

加入寿险行业之前刘剑飞在教育战线工作了近 7 年，积累了相当丰富的教学经验。学音乐教育出身的他，有着文艺青年浪漫的一面。直到现在，工作遇到困境或者需要身心放松的时候，他依然会拿起最爱的那把吉他，用音乐排解心中的烦闷。

2000 年加入寿险业，19 年的寿险生涯，他从平安人寿一名小小的试用业务员做起，出于对保险事业的热爱，一步一个脚印走进平安人寿佳木斯第一大营业部，从业期间曾获得优秀个人、高峰营业部经理等称号，所在营业部被评为优秀营业部、总公司五百强营业部等。后又转任内勤管理者，一直把平安人寿佳木斯做成全省大型的三级机构，先后获得分公司优秀机构负责人、挑战新高经理人等荣誉称号。好多业内人士在谈起刘剑飞的时候，都会不约而同地谈到他出色的营销理念、灵敏的市场嗅觉、机智灵活的应变手段，他处理复杂问题化繁为简的能力更使其在行业中声名鹊起。十二年一个生肖轮回，刘剑飞用自己的努力成为佳木斯这座城市中最大的保险公司的掌舵人，完成了自己从教师到保险公司优秀管理者的人生蜕变。

然而，刘剑飞心里仍有一个更大的梦想，他想站上更大的舞台，把他的保险经营理念带出佳木斯，让更多的人知道保险、了解保险。2012年，刘剑飞跟随老领导来到了百年人寿，用他对保险行业深刻的感悟和理解，开启了他省级分公司一把手的新征程。

地势坤，君子以厚德载物

君子之道，忠恕而已矣。荀子说，成大事者，都有容人之雅量。泰山不让土壤，故能成其大；河海不择细流，故能就其深。万事万物要想在自然界中有一片立身之地，一定要具有宽容性，它也是扩大自己视野与格局的关键。刘剑飞身边的员工在评价他的性格时，都说他有心胸、能容错。员工工作有失误，他会耐心辅导；员工思想有偏差，他会耐心纠正。公司业务遇到瓶颈，他会带头进行头脑风暴，想尽一切办法亲力亲为地解决。公司遇到危机事件时，员工们看到的总是刘剑飞泰山压顶岿然不动的从容，宛若员工心中的定海神针。

"在激烈的市场竞争环境下，唯有寻求差异化的核心竞争力，才是企业生存之本。"刘剑飞的定位很明确，默默耕耘，有条不紊，厚积薄发。

刘剑飞亲自授课辅导干部成长

百年人寿黑龙江分公司自2010年开业以来，一路高歌猛进，在行业内、系统内成为绝对的标杆和榜样。2014年刘剑飞接手分公司后，开始冲击亿元传奇，终于在2016年得偿所愿，实现了系统标准保费总量第一和贡献度第一的优异成绩。刘剑飞为黑龙江分公司的基础管理工作和业务发展做出了巨大贡献。

在经营管理中，刘剑飞非常推崇曾国藩的管理方式，常把曾国藩白手起家、建立伟业的经验提取精华应用到他的管理理论中。他总说："我们的机构和队伍，如果不从思想的本源上、不从管理的

刘剑飞在公司年会上致辞

机制上痛下功夫，我们就不会真正地做出成绩，实现理想和抱负。"他倡导凡事要认真，以古人之拙、诚的态度，践自己的责任和使命。结硬寨、打呆仗，天下之至拙必胜天下之至巧，唯有心怀敬畏、心怀感恩、心存上进方可在当下激烈的市场竞争中杀出一条血路，迎来公司崭新的局面。

奔跑的力量

刘剑飞第一次跑马始于参加2014年大连国际马拉松的半程比赛，在此之前，他从小到大跑过的最远距离仅仅是中学运动会时那段跟跟跄跄的800米。而今他已经累计参加过40余场马拉松赛，累计跑量达4000多公里，相当于绕着地球跑了十分之一。

刘剑飞从跑步中汲取的快乐很简单，有一个健康的身体，寻找青春的精

神状态,最重要的是减压。作为一位企业的领导者,刘剑飞坚信只有具备强健的体魄,才能支撑自己面对生活和工作中的挑战,才会有充足的精力和毅力投入到工作中去。马拉松可以强身健体、磨炼意志、增强人的信心,同时更充斥着"挑战自我、超越极限、坚韧不拔、永不放弃"等丰富的精神内涵。现在,跑步早已成为刘剑飞的一种习惯,更是一种乐趣、一种人生。只要天气适宜,没有特别的工作安排,他每天中午就会叫上公司跑团的伙伴一起跑上10公里。这个狂热的跑步爱好者,有着自己独特的逻辑:"跑步让我们公司的员工身体更健康,工作效率也更高,因为他们不用花钱花时间去看病,只需花时间锻炼身体。"自上而下的跑步风潮成为百年人寿黑龙江分公司的一大传统。刘剑飞一直用行动影响和感召身边的每一个人,他带动整个分公司的员工都加入到长跑的队伍中来,并带领员工参加多场马拉松比赛。

在这里,工会肩负起了组织跑步健身的责任,百年人寿黑龙江分公司的跑团有着一个响亮的名字——龙分马帮。在马帮里,所有参与者先交100元

刘剑飞带领百年人寿黑龙江分公司全体员工参加哈尔滨国际马拉松

保证金,每周必须保证15公里打卡,每季度未完成打卡的保证金不退还,成功打卡的成员在拿回保证金之后,还可以享受来自失败者保证金的红包奖励,同时工会也会每季度为打卡成功的马帮成员购买小礼物作为奖励。比起自己跑步,刘

刘剑飞参加全程马拉松比赛

剑飞更在意的是影响他人,他想要通过奔跑感召更多的员工加入到强身健体的队伍当中,感召更多的客户加入到百年健身的行列里,唤醒更多人健康低碳的生活意识!

奔跑是一种人生态度,有的人选择闲庭信步前行,有的人却选择挑战自我一路奔跑。想要比别人更快地攀登人生的高峰,就必须坚持比别人更快地奔跑。

挑战戈壁,寻求超越

在两年多的EMBA学习生活中,对刘剑飞影响最大、感触最深的莫过于"玄奘之路"商学院戈壁挑战赛,这也是他在哈工大求学的重要收获之一,怀着对戈壁大漠的向往、对玄奘精神的追寻和对挑战自我的突破,他毅然决然地报名,代表哈尔滨工业大学EMBA队出战第十二届"玄奘之路"商学院戈壁挑战赛。

"玄奘之路"商学院戈壁挑战赛是在华语商学院EMBA学员中开展的一场体验式文化赛事,吸引了诸如柳传志、王石、冯仑等商界巨子及张维迎、齐大庆等著名学者,数万名社会精英走过了这条被赋予使命和传承的道路。比赛路段设在甘肃和新疆交界的莫贺延碛戈壁——史称"八百里流沙",瓜

州县就居于其中。预计的路程都是沙漠戈壁，植被稀少，因此路程对于这些参赛队员来说是一种身心挑战。根据比赛规则，参赛各校的 EMBA 学员将通过团队组织协同作战方式来徒步穿越一百多公里的戈壁，通过这种身心体验，达成个人的心理突破，从而推动院系的交流，同时展现华语商界人群积极进取、关爱社会的正能量。

"这场挑战赛更注重团队合作，我深刻体验到了在严峻的自然环境下超越极限的生死历程，看到了人在危险面前从怯懦、恐惧到理性、行动、坚持的成功法则，在苍茫天地间感受'天人合一'，在内心深处寻找到让生命得以攀缘上升的巨大能量，真正感受到什么叫作'用实力让情怀落地'，今后我必将以更积极、健康、持久的动力去拥抱生命中更高的挑战。"刘剑飞在戈壁挑战赛中寻找到内心深处的自己，对过去和未来有了新的定位。"跑完全部比赛，已经达到了崩溃的边缘，三天在恶劣条件下跑完 120 公里，在茫茫戈壁上，经历了灵魂的洗涤和对生命的重新感悟，那些即将清醒和模糊的瞬间、肉体的麻木和刺骨的疼痛以及路途艰辛的恐惧全部浮现在脑海，到达终点线的那一刻，泪水奔流不止，这里面掺杂着兴奋、释怀，以及对人生的全新思考。"回忆起第一次参加的戈壁挑战赛，刘剑飞仍然抑制不住激动的心情。

奔跑中的"至拙"

跑步并不是所有人的运动爱好，有些人可能觉得跑步太简单，也太枯燥。然而大道至简，越是简单的事，考验的越是周而复始的坚持，而坚持这件事儿是难不倒崇尚"至拙"的刘剑飞的。但面对复杂艰苦的戈壁环境，平时再多的辛苦训练、赛前再多的心理建设也难敌一路的极限冲击。"路途的艰辛，真是你想都想不到的。"刘剑飞又陷入那场挑战赛的回忆中。

120公里跋涉，瞬间风力9级、高温炙烤，4天宿营，不能洗澡……比赛正式开始的第一天，刘剑飞的脚就磨出了血泡，在高温、干燥、弥漫着浮尘的空气中奔跑，鼻子里结满了血痂。"面对如此多的严酷考验，为了集体成绩，为了给团队争取荣誉，什么都顾不上，我只知道要奔跑，告诉自己不能停，每天到达终点时都几乎达到极限状态。"刘剑飞说，他也曾在茫茫戈壁"跑丢"，放眼望去，不见一个人影，只有黄沙做伴，恐惧袭来，那种无助、那种绝望，是属于戈壁滩的忧伤。此时，必须让自己的头脑立刻冷静下来，找准方向才能继续跑。脑海中只有一个信念：坚持！

比赛结束，刘剑飞作为A队主力同他哈工大EMBA的36位队友，用信念、毅力克服戈壁的恶劣环境，最终获得由第十二届"玄奘之路"商学院戈壁挑战赛组委会颁发的"奋进奖"。"戈壁挑战赛不是战场胜似战场，不是战争却硝烟弥漫，不是家园却看到家人般的友爱，这里没有财富、权力、官衔，

刘剑飞及其队友代表哈工大EMBA参加"戈十二"挑战赛

也没有特权，每个人都要走过同样的路，都要经历高温、大风、沙暴，都是露天如厕。这里有坚持、理想、行动、真诚、互助！这里有泪水、激情、鼓励、拥抱、付出、牺牲，甚至还有两肋插刀、肝胆相照。"刘剑飞对"戈十二"充满回忆和感悟。

参加"玄奘之路"商学院戈壁挑战赛的意义深远，在感受玄奘大师当年"宁可向西而死，不可向东而生"的经历中，领悟人生的真谛。怀着对"玄奘之路"的崇敬，2018年5月刘剑飞再启征程，在第十三届"玄奘之路"商学院戈壁挑战赛上，作为哈工大EMBA代表队的领队，同62位队员再次代表哈工大出征，队员们不负众望，最终获得由组委会颁发的两项大奖——沙克尔顿奖和奋进奖。

坚持是一种信念，当你决定出发时，想法越简单，越能够坚持到底。即使路上布满荆棘，也要义无反顾地走下去。在刘剑飞和百年人寿黑龙江分公司全体员工坚持不懈的努力下，2015年实现规模保费收入18.2亿元；2016年实现规模保费收入20.7亿元，同比增长13.7%；2016年度实现续期保费收入2.3亿元。截至2018年8月，分公司首续期整体保费收入已破100亿元，个险、银保、创新、电销、顾销五个渠道全面开花，均衡发展。黑分人"视挑战为乐趣，视荣誉为生命"的核心理念在这片龙江沃土上激励着每一个内外勤将士。

驼铃声远去，风沙声远去。刘剑飞说，这只是人生中的一段足迹而已。唯天下之至拙，能胜天下之至巧。跑步如此，工作如此，生活如此，人生亦如此。

哈工大的 EMBA 人 | 魏一维
HAGONGDA DE EMBA REN

  魏一维，毕业于深圳大学信息工程学院，获学士学位。2010年毕业后，进入到国内投资行业领军企业——深圳市创新投资集团有限公司。2011年，黑龙江省政府与深圳市创新投资集团共同出资成立的省内首支政府引导基金黑龙江红土科力创业投资有限公司在哈尔滨成立，魏一维被委派到哈尔滨参与管理此支基金。至2018年底，参与并主导投资项目十余个，其中包括两家上市公司：中飞股份（300489）和金冠电气（300510）。哈尔滨工业大学管理学院EMBA在读，现担任哈尔滨工业大学管理学院EMBA 2018级2班班长。

做一个有情怀的投资人

——记深圳市创新投资集团有限公司高级投资经理 魏一维

深圳到哈尔滨——为家乡建设贡献一份力量

深圳市创新投资集团有限公司（简称"深创投"）是深圳市政府1999年出资并引导社会资本出资设立的、专业从事创业投资的有限责任公司。目前注册资本54.2亿元，管理各类基金总规模约3334.24亿元。深创投主要投资中小企业、自主创新高新技术企业和新兴产业企业、初创期和成长期及转型升级企业，涵盖信息科技、互联网/新媒体、生物医药、新能源/节能环保、化工/新材料、高端装备制造、消费品/现代服务等国家政策重点扶持的行业领域。截至2019年1月底，深创投投资企业数量、投资企业上市数量均位居国内创投行业第一位：已投资项目970个，累计投资金额约422亿元，其中144家投资企业分别在全球16个资本市场上市。专业的投资、深度的服务、严密的风控，成就了深创投创投业务 IRR 40.32% 的优秀业绩。

魏一维在大学期间就展现出了对风险投资的兴趣，毕业前就开始在深创投实习，并在层层筛选中突出重围，留在集团投资发展总部任职。在集团的每一天对他来说都是新的一天，他不断地积累经验努力学习，这些宝贵的经验都为他今后的投资之路奠定了坚实的基础。

2011年，黑龙江省第一支政府引导的基金成立，魏一维本着用新理念建设家乡的初心，申请回到哈尔滨来参与管理这支年轻的基金，这一做就是整整八年。八年来，他从最初助理级别的投资经理成长为经验丰富的高级投资经理，同时成为基金合伙人，主要负责全省的创投业务。这些成绩并不是凭空出现的，而是魏一维用每一滴汗水和每一分努力换来的。八年间，他跑遍了全省各大市县，参与东北三省区域各类业务，平均每年实地考察项目百余个。而实际上，往往每年能够进行到投资层面进程的企业可能只有一两个，这些被投项目都是真正的百里挑一。在黑龙江这片金融资源贫瘠的土地上，魏一维依然完成了近1.6亿元的投资任务，带动外部投资1.5亿元。

魏一维陪同所投资的企业考察江苏武进开发区

从哈尔滨到哈工大——与哈工大的情缘

优秀的风险投资家总是紧盯科技创新前沿领域，而哈工大作为首批进入国家"211工程""985工程"和"双一流"A类建设的大学，无疑成为创新驱动的源泉。魏一维提道，他近十年的创投生涯里，接触最多的就是哈工大的优秀企业家，在黑龙江投资的80%以上的项目都与哈工大有着千丝万缕的联系。通过对这些哈工大校友的接触使得魏一维对哈工大有着一种情感，所以选择攻读哈工大的EMBA课程，也要成为哈工大校友中的一员，这是他内心对哈工大的向往和情缘。

魏一维接触过的最具代表的几个企业，现在也都成为各自领域的佼佼者。比如熔敷机器人项目，公司老板是哈工大热动力专业优秀毕业生。2016年魏一维刚刚接触到企业老板的时候，老板仍然满足于"小富即安"的稳定生意，当时老板明确表态"我不需要钱，现在这样很满足"，一

魏一维与台湾中原大学企业管理研究所吕鸿德教授合影

年有 1500 万元的销售额在黑龙江来讲确实很安逸。为了激发企业家的"奋斗欲望",魏一维多次向企业老板介绍资本市场的优势,以及规划公司跨越式的发展蓝图等。2017 年深创投正式入资该项目,2018 年实现全年销售额 1.48 亿元,投资两年销售额增长五倍以上。另一个是生物信息项目,该项目属于哈工大技术转化项目。魏一维与企业结识于黑龙江省第一届风险投资大会,参会的教授是一个不善言表的人,在只言片语中,魏一维感觉到这可能会是我国生物信息产业的一个独角兽企业,在接触了一段时间后,这个信念变得更加坚定。于是半年后,一个成立不到一年的公司,接受了深创投等合计 6000 万的 Pre-A 轮投资。而这家公司在发展不到两年的时间内,承载了"中国十万人基因组计划",陆续建设了黑龙江省首家、北京市最后一家临床检验所,业务涵盖医疗、健康等各个领域,真正成为行业的佼佼者。

提及与哈工大结缘的项目,魏一维如数家珍。他提道,这些年投资到哈工大校友、教授创业的项目有 1.2 亿元,现在每个企业都在各自的领域独树一帜,让他高兴的并不是这些企业的成绩,而是与企业一同发展的经历。他提到了几件让他记忆犹新的事情:一是四天五地——就是在投企业新产品销售初期为了让客户了解、接受所需要的奔波,魏一维帮助企业老板对接各地客户资源,为了在计划时间内完成销售任务,他们基本上每天要走两个地方,白天商业谈判,晚上制定第二天的谈判策略,就这样一城一池从黑龙江到广东,企业实现了新领域零的突破,也一跃成为行业排名前两名的优秀企业。二是抢人才之战——任何技术的推动都是由人才完成的,企业只有不断地吸纳人才,营造优质的企业文化,才能留住人才,使人才发挥更大的作用。为了助力企业快速发展,魏一维还帮助企业进行公司收购等各项工作,一方面能够补充所投企业的业务短板，另一方面能将行业里的优秀人才快速吸纳进来。他提道，即便不是公司领导也不是公司员工，但所投企业有需要，他也一样随叫随到。到了北京，经过一天的面谈他才发现，真正的人才总有些桀骜不驯，为此，他帮所投企业设计了一套切实可行的收购方案，在双方能实现共赢的前提下，最大限度地发挥被收购企业的潜力作用，实现一加一大于二的效果。在魏一维看来，投资人的职责不只是资金监管，更重要的是为提高企业价值提供一系列增值服务。也正是因为这样的投资理念，他成为哈工大校友圈子里最受大家欢迎的投资人之一。

做一个有情怀的投资人

"规格严格，功夫到家"是哈工大的校训，体现了过程管理与目标管理相结合的思想。作为投资人的魏一维也时刻用这句校训提醒着自己，脚踏实地做事，本分踏实做人，做一个有情怀的投资人。

哈工大管理学院 EMBA2018 级二班学员入学合影

魏一维参加哈工大 EMBA 联合会冬日接力赛班级合影

一个有情怀的投资人始终要怀有一种"不忘初心,方得始终"的信念,作为投资人,魏一维看了太多的企业和企业家,凡是有哈工大人参与的项目都能看到他们特有的哈工大人"不忘初心"的影子。魏一维的初心这些年来从未改变,用自己的力量建设家乡,多投资一些优秀的本土项目。十年过去了,他的心态从急于看到回报归于平和从容,步子也更加坚定稳健。而现在的他,更多的是抱着敬畏的心,不断去努力、不断去尝试,修炼自身专业的素质和能力,更好地把握人性、感悟世界。作为投资人,他的圈子很大,但也很简单。工作中,他喜欢和有共同愿景、有理想、有抱负、踏踏实实做事的人做朋友;尽管工作忙碌,但他每周都会留出时间去陪伴家人,同时享受工作的充实和生活的乐趣。对他而言,投资是一件有情怀的事情。投资实际投的是"人",一份再完美再全面的商业计划书也不如一个踏实肯干的创业团队来得真实。"投对的人做对的事"是魏一维一直以来秉承的信念。为利而奋斗不能行远路,只有那些怀揣梦想和情怀的人才能走得更远。有情怀,方懂取舍;有梦想,方能坚守。

方寸之心,海纳百川。魏一维始终抱着这种心态,以大格局、宽视野来踏实地做好每一件事,方显本心。

哈工大的 EMBA 人

王旭靓
HAGONGDA DE EMBA REN

HARBIN INSTITUTE OF TECHNOLOGY

　　王旭靓，毕业于黑龙江大学行政管理专业，中共党员。1997—2002年，就职于平安人寿黑龙江分公司契约管理部。2002—2004年，任职泰康人寿黑龙江分公司业务管理、团体保险、银行保险部主管。2004—2010年，任太平人寿黑龙江分公司银行保险销售支持部经理，获得AFP金融理财规划师资格认证。2010—2018年，就职于百年人寿黑龙江分公司，先后担任银行保险部经理、分公司总经理助理、分公司副总经理，分公司党支部书记，带领分公司银行保险渠道创下连续7年业务正增长并全面达成总公司各项指标的纪录，至今未被超越。目前任职百年人寿山东分公司副总经理。多次获得"卓越员工""优秀经理""卓越领导人""总公司十大感动人物""优秀党务工作者"等奖项和荣誉称号。2018年11月，进入哈尔滨工业大学攻读EMBA。

激情燃烧的行业"头狼"

——记百年人寿保险股份有限公司山东分公司副总经理王旭靓

他把"狼性"深植于工作和团队之中,用永不言败的个性将所带领的团队打造成"威武之师",他是行业中"狼群"的"头狼"。为了荣誉他泰山压顶而面不改色,为了荣誉他困难重重却豪情满怀。他好胜、敢赢,谈判桌上分毫不让;他重情、重义,团队中无人不知其护犊情真。他用高昂的斗志激励着团队不断刷新纪录,他用他燃烧的激情感染着合作渠道与客户,他用他强烈的使命感缔造着银行保险市场上一个又一个的传奇。

工作狂人 拼命三郎

作为行业的"头狼"、业务的带头人,王旭靓默默地践行着"视挑战为乐趣、视荣誉为生命"的精神理念;他用实际行动不断打造一支"德、智、体全面发展的银保铁军";他以"事前树立高目标,事中克服困难,事后良好结果"为工作标准;他以干部的评价"干部四个维度"严格要求自己,事事起表率作用;他用满腔的热情和顽强的斗志带领公司和团队不断攀登新的高峰。

"拒绝平庸、无功即过"是王旭靓一直以来坚守的人生信条,他为人乐观谦逊,他的敬业和专业令身边的人折服,他身上特有的人格魅力吸引众多保险业精英来到麾下，共创大业；他在业界的优秀口碑让公司内外心悦诚服，不断挑战一个又一个新的高峰。

在百年人寿黑龙江分公司成立初期，银行保险部只有王旭靓一人，他一方面组建内外勤团队，一方面积极调动各方资源开拓渠道，经过近半年紧张而艰苦的筹备，2010年8月15日百年人寿银行保险渠道终于打响了冲向市场的第一枪。合作银行网点是银行保险渠道赖以生存的命脉，渠道资源是机构发展的根本，为了能够占领更多的渠道资源，王旭靓不停地奔走于公司和各个银行之间，为了渠道的拓展、产品的签约，动辄几个小时的等待他早已习以为常。在他的不懈努力下，一个又一个阵地被成功拿下。截至2018年12月，全省从部门组建初期的100余个合作网点，拓展到1300余个，与创业初期相比增加十倍以上。在王旭靓的正确领导和认真部署下，创业初期30多人的销售团队，用不到四个月的时间创造了系统内的奇迹，成为系统内第一家三项关键指标达标的分公司。在他的感召下，队伍迅速扩大，截至2018年12月，全省员工200余人，与创业初期相比增加了七倍。

随着队伍的不断壮大和渠道的稳定发展，王旭靓开始向县域市场进军。为了节省经费，他总是坚持自己开车去哈尔滨周边县域，而且只要条件允许，都是当天往返。往返途中，遇到雨雪天气、路面结冰、大雾封道的情况不计其数。在开拓尚志市场时，他遇到了2011年最大的一场冰雹，返程途中更是狂风大作、雷电交加，看着他用手机记录的短片，很多员工都流下了感动、心疼的泪水。在洽谈方正市场时，他遇到了2011年入冬以来最大的一场雪，别人都劝他另外约个时间，这种天气太危险了。但王旭靓表情严肃地说："这不是一件小事，这代表着百年的信誉和形象，在这种情况下我还能如期赴约，相信银行一定能对我们刮目相看，合作也会更加顺畅。"早上八点三十分,当他准时出现在银行领导办公室门口时,银行领导被眼前这位保险公司高管的敬业和守信深深打动,赞赏有加,合作进程倍加顺利。东北冬季的天气条件十分恶劣,下过雪结成冰的路面更是光滑难走,再加上东北并不发达的县城路段,行车艰难是可想而知的。在返回途中,因天气恶劣高速公路中途封闭,他被困在高速上,原本一个多小时的路程那天走了近七个小时。正是王旭靓不抛弃、不放弃、坚持到底、永不服输的精神,铸就了他不一样的银保生涯,也为他在业内赢得了优秀的口碑和高度的认可。在他的长期坚持下,合作渠道不断夯实,银保业务队伍加速成长。截至2018年12月,全省从开业至今累计销售保费突破75亿元,为龙江市场20万人次的客户送去保险保障,客户服务满意度大幅提升,为客户构建和谐家庭保驾护航。经过8年的苦心经营,在全体员工的共同努力下,百年人寿黑龙江分公司从创业初期的市场最

王旭靓的工作团队

后一名，一跃冲进龙江保险市场的前三名。

工作是他的全部，他的全部就是工作，这是对王旭靓全身心投入工作的经典诠释。为了工作经常加班加点，渠道开拓、队伍组建、业绩追踪、项目推动全都有他的身影。随着工作强度的不断加大，他几乎没有时间照顾家人，披星戴月，早出晚归，被家人称作"隐形人"。孩子生病时他不在身边、家人团圆时他不在身边、老人需要时他依然不在身边，他把所有的精力和时间都奉献给了工作和团队。连续 8 年春节，他都没有停下工作的步伐，始终坚持大年三十在公司值班，初一到初六坚守岗位、慰问一线员工，他把最真诚的祝福送给合作伙伴，他把最灿烂的笑容带给基层员工，他让队伍感受到，王旭靓始终与他们在一起。这种做法让王旭靓在黑龙江市场上再次树立起一座丰碑，不仅得到了合作渠道的认可，更让同行对他竖起了大拇指。有人问到他这样做心里会不会不平衡时，他很坚决地说："一万年太久，只争朝夕。市场变幻莫测，容不得我有一点失误，与全省一线兄弟们共同奋斗，我的付出值了！"他把所有的付出都当作对自己成长的历练，把所有的考验都当作是对团队的激励。王旭靓就是这样一个乐观、积极、坚韧、谦逊的人。

文武双全　马拉松铁粉

王旭靓不仅是一个工作狂人，同时，他还是一名热情的马拉松追随者，是各大马拉松赛事的铁杆粉丝。2014—2018 年，他共参加城市马拉松赛事 29 场，其中全程马拉松 19 场，半程马拉松 10 场；2018 年成功挑战戈壁马拉松，全程 117 公里。奔跑的脚步遍布东西半球，北京、上海、广州、厦门、大连、芝加哥等城市都留下了王旭靓矫健的身影，累计马拉松里程数接近 1000 公里。奔跑中，他收获了满意的成绩，获得了一枚枚沉甸甸的奖牌，也一次次地刷新了个人纪录。

有人问他，为什么如此痴迷于一次又一次的马拉松赛事，王旭靓说："马拉松对于任何人来讲都是一次体能和精神的双重挑战。跑马的过程就是与自己搏斗，用你强大的意志力降伏心中的懒惰、消极、畏难、放弃等种种负面情绪，从而达到战胜自我、重塑自我的目标。马拉松的意义不在于奔跑，更重要是一种精神——挑战极限的勇气、超越自我的信心、坚韧不拔的意志、永不放弃的坚定。"

2017年王旭靓参加芝加哥马拉松

一直以来，王旭靓带领的团队始终都在弘扬马拉松精神，用奔跑展示力量，用激情奔赴人生，积极推行"快乐工作、健康生活"的企业文化理念，关注员工健康，引领阳光生活方式，促进各项业务持续、健康、快速发展，将马拉松精神融入团队文化，二者完美契合，打造出一支德、智、体全面发展的"狼性团队"。

管理 VS 领导　睿智平衡

作为分公司的一名高级管理者，王旭靓同时也是银保业务团队的最高领导人。在经营实践中，管理和领导有着密切的关系，同时又有着明显的区别，随着社会化程度的提高，二者的区别更加突出。对于这个普遍存在于企业中，并且时常困扰着企业管理人员的问题，王旭靓有着自己

王旭靓任戈14哈工大A队队长

独到的见解。他认为,管理和领导就像是组织中的"阴"和"阳"。管理更多的是低着头、强调专注和控制;而领导是抬着头,强调意愿和联系。领导者提出令人愿意为之服务的愿景,使得员工愿意追随、带动、吸引和激励组织成员,让大家看到希望和光明;而管理者则更偏向于执行流程、等级和规则等。管理是管事,领导是管人。管理是把事情做对,领导是做正确的事情。杰克·韦尔奇先生也曾形象地指出:"把梯子正确地靠在墙上是管理的职责,领导的作用在于保证梯子靠在正确的墙上。"

对于企业高级管理人员来讲,管理和领导的作用是相辅相成、缺一不可的。管理是基础,领导是关键。作为一名优秀的企业高管,必须在管理和领导之间寻求一个平衡点,这是企业经营的最高智慧。

领导要具有超前性,解决将来的问题。"领"就是引领,设定方向和前进的路线;"导"就是引导下属与团队完成工作任务。一个成功的领导,必须也是一位成功的导师,激励和鼓舞员工形成更加强烈的参与感、归属感和成就感,帮助他们实现个人价值和成长。领导的本质是沟通协调,营造开心工作、快乐生活的氛围,实现人与人、心与心的沟通互动,解决问题、化解矛盾,整合利益关系,凝聚人心、凝聚力量。"风雨一杯酒,江山万里心",使员工能够自动自发地推动工作进度,调动全员积极性,实现目标。

领导者是决策者,管理者是执行者。任何一个企业,都必须既有领导又有管理。只有领导而无管理,领导的意图和目的往往难以实现;同样,只有管理而无领导,管理的意愿和目的也难以达到。领导职能贯穿于管理活动始终,管理改变员工的行为,而领导则在员工未意识到的时候改变了他的思维方式。张瑞敏说:"企业家的神话是英雄主义,英雄主义靠创新和胆略引领前进,其本质还是人治。员工的神话是制度主义,制度主义靠机制和体系规范前进,归根结底是法制。"

企业在不同发展阶段的侧重点也不同。企业初创到成熟的过程,是一个由主要依靠"个人管理"向主要依靠"制度化管理"演变的过程。初创型的保险公司,由于人员数量较少,专业化分工比较粗略,无法完全套用成熟大型保险公司的规章制度和管理模式。公司运作更依靠少数领导者的意志和领导力。但随着企业发展壮大,少数领导者的意志和领导力已经无法全面覆盖公司的日常运作了,也无法满足企业的发展需求。客观上逼迫企业根据经营管理状况和发展战略制度制定并执行科学的授权体系,健全完善制度,规范组织和员工的行为,明确职责,有效监督,确保企业有序发展。

管理和领导对于任何一家保险公司而言都是非常重要的,一家优秀的保险公司,必然要实现从"个人领导"向"制度化管理"的跨越,这是公司的发展规律和保险行业的经营特点所决定的。同时,在数字经济环境下,保险公司需要进行第二次跨越,即从"制度化管理"向"赋

王旭靓做年度总结报告

能型领导"转型,这也是保险公司适应数字经济时代的必然选择,企业自身无法实现这样的跨越,就可能被时代所淘汰。

行业展望　立足高远

凭借22年的寿险行业历练和对市场深入全面的分析,王旭靓对国内寿险行业的现状和发展有着自己的领悟和判断。他指出,中国寿险发展到今天,遇到了两个瓶颈:一是产品的同质化。欧美国家的产品我国都有,但我们只是简单地复制了形式,产品售出之后的全方位、个性化的服务体系跟不上,造成了消费者感觉买哪家公司的产品区别并不大,服务差别也不大。二是靠资源投入取得增长的模式已不可持续。当保险产品回归本源时,我们会发现,国内保险行业基础的储备是不足的,要补的课还很多。传统管理销售方式的边际效率逐年递减,因为我们是靠资源的投放取得增长,这种增长在外部环境改变、竞争加剧的情况下,效率显然会逐年递减。我们学习西方一些理论和经验得来的红利正在慢慢消失,增长也在慢慢减退,这种跑马圈地式的发展已经到了末期,国际环境、国内环境、监管环境都不允许。

经历了改革开放四十年的洗礼,保险行业已站到了新的发展起点。这

个新的起点最鲜明的特征就是向高质量发展。每一位寿险从业者，都要充分认识到新时代对保险业的新要求，增强推动保险业高质量发展的使命感。十九大报告明确指出，我国经济已由高速增长阶段转向高质量发展阶段。保险业的高质量发展，是适应经济发展新常态的必然选择，是适应大国产业升级和社会转型进步的必然选择，是适应经济金融运行规律的必然选择，更是保险行业责无旁贷的一项重大政治任务。保险行业的高质量发展，归根结底是为了发挥好经济"减震器"和社会"稳定器"的功能，服务国家的高质量发展，保险业可以在以下四个方面有所作为：

一是服务国家重大战略。保险行业在我国金融领域中对外开放早，市场化程度高，保险资金积累的体量大，期限结构长，与国家战略项目对长期资金的需求高度契合，未来发展空间很大。

二是服务经济转型升级。我国经济的转型升级，离不开新技术、新产业、新业态和新模式的培育与壮大。如今，以蚂蚁金服、滴滴、陆金所为代表的互联网独角兽背后，都有着保险资金的身影。实际上，在十几年前高铁前景不明朗的时候，保险资金就是京沪高铁的第二大投资者。现在，我国经济在向产业链高端迈进，对芯片等需要"大体量"和"长周期"资金支持才能成长起来的领域，保险资金应发挥更大的作用。

三是服务社会治理现代化。要发挥保险的社会管理功能，有效参与政府社会管理创新。比如，保险业的作用既可以体现为防灾减损的风险保障，又可以通过市场化的灾害救助体系，为社会经济营造更稳定、更可预期的制度环境。又比如，可以更多地利用责任保险来化解矛盾纠纷，降低政府管理成本和社会诉讼成本。

四是服务民生保障。保险服务于人民对美好生活的向往，就是要通过加强对人民群众全生命周期的风险管理，让人民群众能够切实有效地积累人力资本，没有后顾之忧地为中国梦而努力奋斗。截至 2018 年，我国 60 周岁以上的老年人口达到 2.49 亿，占总人口比重的 17.9%，其中 65 周岁及以上人口为 1.66 亿，占总人口比重的 11.9%。发挥好商业保险在社会保障体系中的作用，已经是一件迫在眉睫的事情。同时，在精准扶贫、精准脱贫以及保障农业生产和农民生活等方面，保险业还可以做得更多、做得更好。

全行业必须认识到，高质量发展是行业的必由之路，在这个问题上，我们别无选择，只能奋勇向前！

百年梦，我的梦

百年梦，我的梦！
你曾磕磕绊绊，跌跌撞撞；
我也牙牙学语，蹒跚学步。
你现在乘风破浪，大步向前；
我也信心满满，走向明天。

百年梦，我的梦！
我想跟你一起腾飞，一起梦想。
今天你已进入市场前二十；
我也快速超越，名列前茅。
下一个五年，我们一起打拼。

百年梦，我的梦！
你有千千万万的梦想，
每个梦想都有我们的努力，
我有千千万万的憧憬，
每个憧憬中装载着百年的身影。

百年梦，我的梦！
让我魂牵梦绕的百年梦，
让我激情澎湃的百年梦，
让我充满力量的百年梦，
让我付出一切的百年梦。
我的梦，百年梦！

后 记

2019年2月，我们接到哈尔滨工业大学出版社的出书邀请，获悉出版社为迎接2020年哈尔滨工业大学百年华诞的到来，拟策划出版"建校百年·哈工大人系列丛书"，集中展示哈工大知名校友的风采，从而激励哈工大广大学子健康成长，进一步继承哈工大精神和传统。哈工大经济与管理学院EMBA作为该套丛书中的系列采编群体之一，独立成册且命名为《哈工大的EMBA人》。

哈工大EMBA第三届联合会执行主席许洪霞及秘书长兼副主席张迎为编委会的主要负责人，在出版社副社长李艳文的指导与建议下，着手策划部署出书事宜。从商榷本书内容方向、向所有EMBA校友发出征稿通知，到确认23位入选校友、逐一与之沟通稿件要求和细则，再到收集稿件后的多轮审核与更改直至最终完成，历时整一年。

在此要特别感谢哈工大老校长杨士勤和哈工大经济与管理学院院长叶强教授为本书亲自提笔作序；感谢经管学院党委书记孟炎及副院长邵景波教授多年来对EMBA项目的关怀与付出；感谢经管学院王伟光老师的大力协作，帮助我们联络到从2002级至2018级的所有哈工大EMBA班主任；感谢历届EMBA班主任及各班秘书长在筹稿期间对本班级的人员推荐；感谢所有投稿校友对编委会的积极响应与莫大支持；感谢哈工大出版社的编辑们对本书的严格把关与精雕细琢。没有你们的多方帮助，就没有哈工大EMBA人在母校百年校庆之时献上的这永驻史册的卷卷文墨。

大千世界，虽然每个人的社会阅历与生存环境各不相同，但是通读完本书后，你或许会从这23位优秀校友的经历中品读到属于EMBA群体的强烈共性，从而对这个群体产生新的认知。哈工大 EMBA 教育项目从 2002 年开办至今，培养了诸多卓越的领导者与管理者，为积累社会财富、促进经济社会发展做出了重要贡献。就读 EMBA 的群体主要由民营企业家和企业高管组成，而他们所面临的机遇与挑战、体会过的喜悦与痛苦，也正是在这个时代背景下，中国企业家渐进的成长过程。

他们对知识有着无尽的渴望，对生活抱有不灭的热忱，他们将哈工大"规格严格，功夫到家"的校训文化烙印于心，勇担社会责任与时代使命，在创造价值的同时更懂得分享与奉献。在现实的此岸和理想的彼岸中，隔着湍急的河流，而正是这些信仰奋斗的人，一次次用行动架起桥梁，连接远方。你以为他们从没经历过商战的拼杀与生死，风口时的腾飞与低谷时的绝望？不，或许正是因为这些，才让他们伴随着勇气与执着在事业与人生的长跑中愈发通彻、明朗。

美国老罗斯福总统说过这样一段话："荣誉属于真正站在竞技场上，脸庞沾满灰尘、汗水和鲜血的人；属于顽强奋斗的人；属于犯错，一次又一次失败的人；属于真正拼搏到底的人；属于懂得付出巨大热情和全力奉献的人；属于投身有价值的事业的人；属于有幸最终懂得至高成就的胜利的人；属于即便不幸失败亦不输胆量的人。他们和那些冷漠怯懦、未经胜败洗礼的灵魂格格不入。"这份荣誉当属于奋斗中的每一位 EMBA 学子，每一位中国企业家，他们的光荣与梦想正映照出中国奋起的光辉，在中华民族阔步前行的道路中奏响凯歌！

谨此献给哈尔滨工业大学诞辰 100 周年。

是为后记。

《哈工大的 EMBA 人》编委会成员